# METAMORFOSE PARA O SUCESSO

TRANSFORMANDO EMPREENDEDORES COMUNS
EM LÍDERES EXTRAORDINÁRIOS

EDITORA
CHAVE MESTRA®

EDITORA
CHAVE MESTRA®

Av. Marcos Penteado de Ulhoa Rodrigues,
1119 – Tamboré, Alphaville – SP,
Ed. Office Shopping Tamboré –
Andar 21 – Sala Chave Mestra
CEP: 06460-040
@editorachavemestra
editora@editorachavemestra.com.br
www.editorachavemestra.com.br

**DIREÇÃO EDITORIAL**
Raquel Medeiros

**COORDENAÇÃO EDITORIAL**
Bartira Costa Neves

**EDITORIA JR.**
Larissa Robbi Ribeiro

**ASSISTÊNCIA EDITORIAL**
Amanda Karine Grossel
Eloiza Andrade
Flávio Alfonso Jr.

**REVISÃO**
Daniela Franco
Luiza Tenuta

**DIAGRAMAÇÃO E PROJETO GRÁFICO**
Daniel Marchesani

***BRANDING* DE CAPA**
Izzo Medeiros

**Título original em português:**

# Metamorfose para o sucesso:

## transformando empreendedores comuns em líderes extraordinários



**Dados Internacionais de Catalogação na Publicação (CIP)**

Vale, Rogério (Organizador)

V149 Metamorfose para o sucesso: transformando empreendedores comuns em líderes extraordinários / Rogério Vale (org.). — 1. ed. — Barueri, SP: Chave Mestra, 2025. 232 p.; 16 x 23 cm.

ISBN 978-65-5496-126-4

1. Empreendedorismo. 2. Liderança. 3. Inovação. 4. Negócios. 5. Finanças pessoais. 6. Resiliência. I. Título.

CDD-158.1

# METAMORFOSE PARA O SUCESSO

TRANSFORMANDO EMPREENDORES COMUNS
EM LÍDERES EXTRAORDINÁRIOS

EDITORA
CHAVE MESTRA®

# APRESENTAÇÃO

Diante do dinamismo, da competição e da exigência com os quais convivemos atualmente, não basta mais apenas empreender. É preciso liderar com propósito, visão e autenticidade. O livro *Metamorfose para o sucesso: transformando empreendedores comuns em líderes extraordinários* nasce como uma obra inspiradora para aqueles que desejam ir além das fórmulas prontas e desenvolver uma liderança transformadora, capaz de gerar impacto real em suas equipes, seus negócios e suas comunidades.

Idealizado por Paloma Lessi, que trouxe o projeto até a editora Chave Mestra com a visão de reunir diversas vozes e experiências em torno de um mesmo propósito, este livro é fruto de uma construção coletiva e intencional, de mentes que enxergam e miram além.

Cada capítulo desta obra foi construído por mãos diferentes, corações pulsantes de experiência, coragem e aprendizado. Os coautores, com trajetórias distintas mas complementares, compartilham vivências, técnicas e reflexões sobre os principais pilares da jornada empreendedora e do crescimento como líder. Da simplicidade da roça alagoana aos desafios da liderança nacional, das primeiras tentativas à reinvenção após os fracassos, este livro mostra que o sucesso não é um destino, mas uma metamorfose contínua.

Temas como empatia, autenticidade, planejamento estratégico, tomada de decisão baseada em dados, liderança humanizada, *networking* e resiliência são abordados com profundidade e humanidade, oferecendo ao(à) leitor(a) ferramentas e estímulos valiosos para sua própria caminhada. Aqui, você encontrará insights sobre como despertar sua mente para o sucesso, assumir o essencialismo como filosofia, delegar com confiança, lidar com o medo do fracasso e transformar sonhos em ações concretas.

Em um mundo saturado de informação, estas páginas entregam essência. Elas nos convidam a entender que a verdadeira liderança não nasce do cargo, mas, sim, da consciência; que, mais do que ter uma imagem forte, é necessário cultivar uma essência conectada com valores; e que, mais importante do que alcançar resultados, é transformar vidas — a sua, a da sua equipe e a de todos que cruzarem o seu caminho.

*Metamorfose para o sucesso* é um convite à mudança, à coragem de inovar, à clareza do foco, à ousadia de aprender com os erros e recomeçar com ainda mais sabedoria. Afinal, todo(a)s somos empreendedore(a)s em potencial, no entanto apenas aqueles que decidem se transformar tornam-se líderes extraordinários.

Boa leitura — e boa jornada rumo à sua metamorfose.

EDITORA
CHAVE MESTRA®

# SUMÁRIO

# Adelisandra Castelhano

Sou Adelisandra Castelhano, uma mulher que vem construindo sua fortaleza ao longo da vida, feita de fé, coragem e propósito. Desde os 15 anos, atuo na gestão de empresas, ajudando nos negócios da minha família, com quem aprendi, na prática, a força do trabalho, da visão estratégica e do compromisso com o próximo. Mais tarde, mergulhei na vida acadêmica com a mesma dedicação: sou doutora e mestre em Distúrbios do Desenvolvimento pela Universidade Presbiteriana Mackenzie, graduada em Biomedicina e Pedagogia.

Mesmo diante de tantos caminhos, nunca deixei de empreender. Hoje, ao lado do meu esposo, Maurício Rafael Leal Terceiro, lidero a TerceiroTec — Vida Conectada, um *e-commerce* que une tecnologia, inovação e inclusão. Também atuo com desenvolvimento humano por meio de mentorias em inteligência emocional, e sou facilitadora na Vox2you/Frutal. Seguimos juntos construindo uma jornada de propósito, amor e transformação.

adelisandra

# EMPATIA: ENTENDA SUA EQUIPE E CONECTE-SE COM ELA

Por Adelisandra Castelhano

Antes de falarmos sobre qualquer coisa, primeiro precisamos compreender o significado de empatia e conexão. Então, aqui vai uma pergunta para reflexão: você realmente sabe o que é empatia? Sabe se conectar com o próximo sem julgamentos ou sem deixar que suas crenças limitantes tomem conta de você? A empatia verdadeira acontece quando nos colocamos no lugar do outro sem julgamento algum. É quando conseguimos nos conectar com a dor do próximo e tentamos, de alguma forma, calçar suas sandálias sem qualquer preconceito.

## Empatia e contexto profissional

No ambiente profissional, empatia significa ouvir na essência, demonstrar interesse genuíno e responder de maneira solícita às necessidades da equipe. A empatia vai além da simples compreensão; ela envolve um compromisso ativo em compreender e validar as experiências dos outros. Na prática, isso envolve demonstrar interesse genuíno pelas pessoas, reconhecer desafios individuais e coletivos e agir de forma coerente com esse entendimento.

No mundo corporativo, a empatia também fortalece a cultura organizacional, reduzindo a rotatividade, melhorando o comprometimento e aumentando a produção. Quando os liderados percebem que são vistos como seres humanos em sua essência e não apenas como recursos produtivos, eles tendem a se comprometer mais com a empresa e a dedicar-se melhor a suas funções. É um exercício permanente de percepção e sensibilidade, que requer atenção plena e disposição para enxergar o mundo pela visão do próximo. No ambiente de trabalho, isso se traduz em uma cultura organizacional mais acolhedora, em que cada indivíduo se sente valorizado, validado e respeitado.

Além disso, a empatia fortalece o senso de pertencimento. Quando um líder ou colega demonstra empatia, ele não apenas reconhece os sentimentos alheios, mas também incentiva um espaço seguro para que todos possam expressar ideias e preocupações. Atitudes assim geram impacto positivo na produtividade, na satisfação e no engajamento dos colaboradores. Por exemplo, um líder empático não apenas reconhece que um colaborador está passando por um momento difícil, mas busca maneiras concretas de apoiá-lo, seja flexibilizando prazos, oferecendo suporte ou simplesmente sendo um ponto de confiança.

## Arte de ouvir na essência: o desafio da comunicação entre líderes e liderados

Seja em grandes organizações ou em pequenas empresas, enfrentamos um desafio constante: a dificuldade de ouvir na essência. Mais do que captar palavras, ouvir verdadeiramente significa absorver sentimentos, intenções e os significados ocultos na comunicação. No contexto da liderança, essa habilidade é fundamental para fortalecer a confiança, o engajamento e a cultura organizacional.

Ouvir não se trata apenas de listar os sons — ouvir verdadeiramente é entender os sentidos, intenções presentes e significados ocultos vinculados à mensagem. Quando se trata da liderança, é a capacidade de se comunicar de forma assertiva e se conectar de forma que gere confiança. Segundo Albert Mehrabian (1972), apenas 7% da comunicação reside nas palavras que usamos. O restante corresponde à comunicação não verbal, bem como à modulação de voz, ao tom, ao ritmo, às expressões faciais e à linguagem corporal — elementos que transmitem informações tão ou mais necessárias e importantes do que o próprio discurso. Isso indica que ouvir é muito mais do que apenas escutar o que é dito: é a capacidade de entender nuances no que é falado tanto quanto naquilo que é dito sem palavras. Um líder real deve ser capaz de ouvir esses sinais e estar atento a eles. O colaborador pode dizer que "está tudo bem", mas seu tom de voz ou olhar podem mostrar o contrário.

Assim, a escuta ativa não é apenas o momento, mas a condição de aplicar a experiência e compreender a verdadeira necessidade e a emoção da equipe. Se pararmos para analisar, a mensagem real está nas entrelinhas, e não em palavras; está na modulação de voz, na linguagem corporal, no silêncio que muitas vezes fala mais alto. Sessões de escuta ativa permitem que o líder tenha a percepção das necessidades reais de seus colaboradores, antecipe os conflitos antes que eles se estendam demasiadamente e tome decisões mais assertivas. Além disso, desperta o respeito e o apreço dos colaboradores, aprofundando a conexão da equipe. A comunicação eficaz não se resume a falar alto, mas ouvir com atenção e empatia. Quando um líder domina isso, o clima fica sadio, podendo, assim, seguir firme para aumentar a produtividade e a felicidade no ambiente corporativo.

## Como gerar conexão com sua equipe

Criar uma conexão genuína com sua equipe requer empatia, comunicação aberta e um ambiente de confiança. Aqui estão algumas estratégias para fortalecer os laços com seus colegas ou liderados.

- **Conheça sua equipe genuinamente**: busque entender não apenas as habilidades profissionais, mas também as motivações, desafios e interesses individuais.
- **Compartilhe experiências e fragilidades**: líderes e colegas que demonstram autenticidade e humanidade criam laços mais fortes dentro da equipe.
- **Comunique-se com clareza e transparência**: manter um diálogo honesto evita mal-entendidos e fortalece a confiança mútua.
- **Demonstre reconhecimento e gratidão**: pequenos gestos de valorização fazem com que os colaboradores se sintam importantes e motivados.
- **Esteja presente e acessível**: disponibilidade para ouvir e apoiar a equipe é essencial para construir um ambiente de respeito e colaboração.
- **Promova um ambiente de respeito e diversidade**: valorizando diferentes perspectivas, a equipe se torna mais criativa, inovadora e unida.
- **Incentive o crescimento e o autoconhecimento**: proporcione oportunidades para que os membros da equipe evoluam, sintam-se desafiados e motivados.

## Benefícios da empatia no ambiente de trabalho

- **Melhora a comunicação**: quando ouvimos com atenção e compreensão, evitamos mal-entendidos e conflitos desnecessários.
- **Aumenta a participação**: uma equipe empática trabalha melhor, pois há mais respeito e apoio mútuo.
- **Fortalece a confiança**: funcionários que se sentem compreendidos e valorizados tendem a ser mais engajados e produtivos.
- **Reduz o estresse**: um ambiente empático minimiza tensões e promove o bem-estar de todos.

- **Estimula a inovação**: quando os colaboradores se sentem ouvidos e respeitados, eles se tornam mais propensos a contribuir com ideias inovadoras e soluções criativas.

**Como praticar a empatia com sua equipe**

- **Ouça na essência**: dê atenção ao que seu colega está dizendo, sem interromper ou pensar na resposta antes que ele termine de falar.
- **Demonstre interesse**: perguntas como "Como você está se sentindo em relação a isso?" ou "Como posso ajudar?" mostram que você se importa.
- **Pratique a paciência**: nem todos pensam ou reagem da mesma forma. Respeite o tempo e a maneira de cada um lidar com as situações.
- **Seja acessível**: criar um ambiente seguro para que os colegas se sintam confortáveis para expressar suas dificuldades é essencial.
- **Reconheça as conquistas**: pequenos elogios e reconhecimentos fazem a diferença na motivação e no senso de pertencimento.
- **Adeque sua comunicação**: cada pessoa tem sua própria forma de se expressar e compreender as informações. Ajustar seu tom de voz e abordagem pode facilitar a conexão com os outros.
- **Demonstre gratidão**: expressar reconhecimento genuíno pelo trabalho dos colegas fortalece os laços e motiva a equipe.

**Conclusão**

A empatia verdadeira é uma habilidade de inteligência emocional essencial para qualquer equipe que busca crescimento e aliança. Ao semeá-la no dia a dia, você não apenas melhora a convivência no trabalho, mas também fortalece o desempenho e a satisfação da equipe. Conectar-se verdadeiramente com os colegas consolida o espírito participativo e torna o ambiente profissional mais humano e produtivo.

Não podemos deixar de salientar que a empatia deve ser gerada dos dois lados: o liderado também deve ter essa habilidade com seus colegas e líderes. Lembre-se sempre de que essa via é de mão dupla: quanto mais exercitamos o ouvir na essência, a paciência e o respeito mútuo, mais contribuímos para um ambiente de trabalho saudável e inspirador.

## BIBLIOGRAFIA

MEHRABIAN, A. *Nonverbal Communication*. Chicago: Aldine-Atherton, 1972.

“

O que move você deve vir da alma, do propósito e da coragem de assumir quem você é, com verdade e autenticidade.

Adelisandra Castelhano

## Como este capítulo pode contribuir para o seu **sucesso**?

ASUS Vivobook

# Alexsandro Guedes

Sou Alexsandro Guedes, casado com Andreia e pai do Alex. Da roça alagoana à liderança nacional, minha jornada é a prova viva de que determinação e humildade transformam realidades. Comecei aos 14 anos cortando cana, virei supervisor em uma multinacional e hoje ajudo as pessoas a alcançarem seu potencial por meio da "**liderança pelo exemplo**".

Pai de família, migrante e eterno aprendiz, transformei cada "não" em degrau para o sucesso. Minha missão? Mostrar que "origem não é destino" e que qualquer pessoa pode escrever sua própria história de superação. Especialista em transformação profissional, gestão de equipes de alta *performance* e reinvenção na era digital.

Liderança se constrói com ações, não com palavras, **e meu maior título é ter ajudado outros a vencerem.**

agstreinamentoementoria

# 2

# DA ROÇA ALAGOANA À LIDERANÇA NACIONAL

Por Alexsandro Guedes

## Origens simples, sonhos grandes

Nasci em um pequeno povoado no interior de Alagoas, onde a vida era simples, mas os desafios eram grandes. Filho mais velho de uma família humilde, desde cedo aprendi a importância do trabalho e da responsabilidade. Ajudava meu pai na roça, cuidava dos meus irmãos e, mesmo com poucos recursos, nunca deixei de sonhar com um futuro melhor.

Ser o filho mais velho é como carregar um fardo que parece crescer com o passar do tempo. Desde pequeno, a vida me apresentou um enredo no qual a responsabilidade se entrelaçava com a inocência da infância. Lembro-me de momentos em que me sentia como o miniadulto da família.

Aos 14 anos, em 1993, dei meus primeiros passos no mundo do trabalho, em uma usina de cana-de-açúcar e álcool. Aos 16, tive meu primeiro trabalho com carteira assinada, um marco que me encheu de orgulho e esperança.

Aos 18 anos, casei-me e tive meu primeiro e único filho. A vida me cobrava decisões difíceis: permanecer na terra natal, onde as oportunidades eram escassas, ou partir em busca de um futuro melhor. Decidi deixar Alagoas rumo a São Paulo, levando na bagagem apenas a determinação de construir uma vida digna para minha família. A saudade da terra natal e o medo do desconhecido eram grandes, mas a vontade de vencer era maior.

## A chegada a São Paulo e o início na indústria moageira

Cheguei a São Paulo em 1999, cheio de incertezas, mas com o coração disposto a vencer. Após quarenta dias de muita dificuldade, sem conseguir me colocar no mercado, decidi regressar; porém, como a esperança de um futuro melhor era grande, tentei uma última tacada e, sim, fui contratado por uma indústria moageira de trigo, na qual iniciei minha jornada como auxiliar de serviços gerais, e em poucos meses me tornei operador. Logo percebi que aquela empresa valorizava o esforço e a dedicação, e me empenhei ao máximo para me destacar. Trabalhava em parceria com meus líderes e colegas, aprendendo cada detalhe do setor e da fábrica.

Em apenas seis meses, fui promovido a operador-líder, responsável por uma equipe de doze colaboradores. Foi um desafio e tanto, mas encarei com humildade e determinação. Um ano e meio depois, fui transferido para outro departamento, em que assumi uma liderança ainda mais complexa. Aos poucos, fui me tornando referência na empresa, sempre buscando me aperfeiçoar e contribuir para o crescimento da equipe.

## Superando desafios e conquistando espaço

Após dez anos de dedicação, sempre liderando pelo exemplo, fui indicado para o cargo de coordenador-geral do setor. Quando assumi essa posição, percebi muitos olhares duvidosos. "Um menino do interior, sem formação acadêmica tradicional, poderia liderar técnicos experientes?" Mas eu acreditava no poder do exemplo. Chegava primeiro, saía por último, sujava as mãos junto a equipe e nunca pedia algo que eu mesmo não faria.

Procurando entender como o fluxo da fábrica funcionava, estava sempre disposto a colaborar com outras áreas afins; sempre disponibilizava mão de obra, mas também os acompanhava de perto.

Confesso que o desafio foi gigantesco. Muitos duvidavam da minha capacidade, mas eu sabia que, com humildade e empenho, poderia provar meu valor. Estudei, especializei-me em liderança e me dediquei a entender cada processo da empresa.

Lembro quando enfrentamos uma situação crítica em uma de nossas linhas de produção. Enquanto outros discutiam responsabilidades, vesti o equipamento de proteção individual (EPI) e fui para a linha tentar descobrir a causa do problema. Durante vários dias seguidos, trabalhamos lado a lado — eu, em campo, analisando dados e motivando a equipe. Quando o problema foi resolvido, não comemorei sozinho. A vitória foi nossa. Essa é a essência da liderança pelo exemplo: transformar desafios em oportunidades de união e crescimento.

Em 2018, atingi um dos maiores marcos da minha carreira: fui promovido a supervisor de quatro departamentos estratégicos da unidade — algo que consegui por mostrar na prática como liderar pelo exemplo, que é uma das maiores virtudes de um líder. Além disso, tive o privilégio de viajar por todas as unidades da empresa no Brasil, prestando consultoria e apoiando ações de melhoria. Era a prova de que, com esforço e resiliência, um menino do interior de Alagoas poderia alcançar posições de destaque em uma grande empresa.

Como supervisor de quatro áreas, aprendi que verdadeiros líderes não sobem sozinhos — eles criam escadas para outros subirem. Implementei um programa de mentoria em que jovens talentos poderiam aprender com os mais experientes. Tenho mais orgulho das dezenas de colaboradores que promovi do que das minhas próprias promoções.

Meu método? Simples e transformador.

- Transparência radical: todos sabiam os objetivos e desafios reais.
- Vulnerabilidade estratégica: assumia erros publicamente para normalizar o aprendizado.
- Reconhecimento em tempo real: valorizava pequenas vitórias diariamente.

**Virada digital e a descoberta de uma nova vocação: reinventando-se para inspirar**

Aos 44 anos, quando muitos pensam em estabilidade, embarquei em uma nova jornada: a digital. Por quê? Porque liderança é sobre evolução constante. Comecei compartilhando conhecimento gratuito nas redes sociais — dicas de gestão, resolução de problemas industriais, histórias reais de superação.

Comecei minha jornada digital em 2024, quando percebi que havia acumulado muito conhecimento e experiência ao longo dos anos, e senti o desejo de compartilhar isso com o maior número de pessoas possível. No entanto, não sabia por onde começar. Então, por meio das redes sociais, fui incentivado a assistir a uma palestra que mudou minha visão sobre o mundo digital.

Decidi me especializar nessa área, estudando a fundo e criando conteúdos que pudessem inspirar e ajudar outras pessoas. Para minha surpresa, o retorno foi incrível. Passei a treinar e mentorear pessoas utilizando os canais digitais, e minha história começou a ganhar visibilidade.

O resultado? Uma comunidade vibrante de mais de 50 mil seguidores tendo a vida transformada; meus conteúdos já chegaram a ser visualizados por mais de 5 milhões de pessoas. Recebo diariamente mensagens como: "Seu conteúdo mudou minha carreira"; "Usei sua metodologia e fui promovido"; "Você me mostrou que origem não é destino".

Foi assim que recebi o convite da Editora Chave Mestra para participar deste livro e compartilhar minha trajetória.

**Inspiração e transformação**

Hoje, olho para trás e vejo que cada desafio, cada dificuldade, foi um degrau na escada do meu sucesso. Da roça alagoana às lideranças em uma grande indústria, da dúvida à certeza de que posso inspirar outras pessoas, minha vida foi uma verdadeira metamorfose.

Acredito que o sucesso não é apenas questão de talento, mas de persistência, humildade, vontade de aprender e, acima de tudo, praticar tudo o que se aprende.

Minha história é a prova de que, independentemente de onde você vem, é possível transformar sua realidade e alcançar seus sonhos. Espero que, ao ler estas páginas, você se identifique com minha trajetória e encontre a inspiração necessária para dar o próximo passo em direção ao seu próprio sucesso.

## Lições aprendidas e conselhos práticos

Ao longo da minha jornada, aprendi que a humildade é a base de tudo. Nunca me considerei superior a ninguém, e sempre busquei aprender com cada pessoa que cruzou meu caminho. Outra lição valiosa foi a importância de me adaptar às mudanças. Quando cheguei a São Paulo, tive que me reinventar, e quando entrei no mundo digital, foi a mesma coisa. A capacidade de se adaptar é essencial para o sucesso.

Para quem está começando, meu conselho é: não tenha medo de errar. Cada erro é uma oportunidade de aprendizado. Além disso, valorize as pessoas ao seu redor. Ninguém consegue nada sozinho, e o trabalho em equipe é fundamental para alcançar grandes objetivos.

## O futuro e a missão de inspirar

Hoje, minha missão é inspirar o maior número de pessoas possível. Nos canais digitais, compartilho não apenas minha história, mas também dicas práticas para quem deseja crescer profissional e pessoalmente. Recebo mensagens de agradecimento de pessoas que encontraram motivação para seguir em frente, e isso me mostra que cada desafio superado valeu a pena.

Acredito que o futuro reserva muitas oportunidades para quem está disposto a se reinventar. A tecnologia e o mundo digital estão aí para nos ajudar, e é nosso dever aproveitar essas ferramentas para transformar nossas vidas e a vida daqueles ao nosso redor.

Hoje, minha missão vai além das fábricas. Treino líderes em formação por meio de cursos on-line com metodologia comprovada, mentorias personalizadas para crescimento acelerado, e palestras que transformam mentalidades.

Mas minha maior realização é ver ex-colaboradores tornando-se líderes exemplares e replicando essa filosofia. Isso prova que o verdadeiro sucesso se multiplica. Outra grande realização é poder ajudar colaboradores comuns a se tornarem grandes profissionais, independentemente do cargo que ocupam.

## Conclusão: a metamorfose continua

Minha história não acabou. A cada dia, busco aprender algo novo e compartilhar meu conhecimento com outras pessoas. A metamorfose para o sucesso é um processo contínuo, e estou animado para ver aonde esta jornada me levará.

Se você está lendo isto, saiba que também é capaz de transformar sua vida. Não importa de onde você venha ou quais desafios já enfrentou. O importante é acreditar em si mesmo, manter a humildade e nunca desistir dos seus sonhos. A vida é uma jornada de transformações, e a sua metamorfose pode começar hoje.

Liderança pelo exemplo não é sobre cargos, mas sobre legado. Minha jornada da roça à indústria prova que origens não definem destinos — ações, sim!

Agradeço a você, leitor, por me acompanhar nesta trajetória. Que você encontre força, inspiração e, acima de tudo, esperança em cada página. Lembre-se: temos o poder de transformar nossas histórias. Aproveite cada momento da sua jornada.

Quer descobrir como transformar desafios em degraus para o sucesso? Conheça meu método completo de liderança prática e siga-me nas minhas redes sociais.

> Da roça alagoana à liderança nacional, minha história prova que, com humildade e determinação, qualquer sonho é possível.

Alexsandro Guedes

## Como este capítulo pode contribuir para o seu **sucesso**?

# Anna Karoliny Tluszcz

Saí de situação de falência para construir clínicas reconhecidas pela excelência: uma trajetória marcada por coragem, propósito, fé e muita resiliência. Sou Anna Karoliny, tenho 32 anos, mãe da Antonella, de 6, casada com o Cleiton, e moro em Itaipulândia/PR. Formada em Odontologia há doze anos, empreendo há dez no ramo odontológico, transformando dor em estratégia, limitações em aprendizado e sonhos em resultados concretos. Sou empresária, mentora e palestrante, com formações em Gestão Empresarial e Desenvolvimento Humano por mentores de renome nacional. Hoje, inspiro e guio mulheres empreendedoras a dominarem a gestão de seus negócios, crescerem com leveza e viverem o extraordinário com equilíbrio, prazer, coragem e prosperidade.

annamentora

+55 (45) 99845-7012

karoliny_picoli@hotmail.com

# 3

# PLANEJAMENTO ESTRATÉGICO PARA RESULTADOS

Por Anna Karoliny Tluszcz

## De ocupada a estratégica: a virada que todo empreendedor precisa viver

Durante muito tempo confundi estar ocupada com estar evoluindo. Acordava cedo, começava a atender, encaixava clientes, respondia mensagens, postava nas redes, resolvia pendências, pensava em novas ideias... tudo ao mesmo tempo. Mal comia. E no fim do dia, mesmo exausta, sentia que nada de verdade tinha avançado.

No fim do mês, vinha a frustração: cadê o lucro? Cadê o crescimento? Cadê o retorno de tanto esforço?

Essa é a realidade silenciosa de muitos empreendedores no Brasil. Donos de negócios incríveis que começaram por paixão, talento ou necessidade, e hoje estão sobrecarregados. Fazem tudo com o coração, mas vivem apagando incêndios. Vendem serviços ou produtos, atendem bem, dedicam-se, mas ainda se sentem perdidos, sem planejamento, sem controle e sem direção.

E eu entendo perfeitamente. Porque estive exatamente nesse lugar.

Saí da faculdade cheia de vontade de fazer dar certo, mas sem preparo algum para ser empresária. Abri minha clínica cedo, numa cidade pequena, com poucos recursos e muita inexperiência. Pegava convênios, trabalhava em outros lugares, fazia o que dava. E por anos levei o negócio no improviso, tentando equilibrar tudo sozinha. Só que quanto mais eu fazia, mais estagnada me sentia. Quase fechei as portas. E não foi por falta de esforço, mas por falta de estratégia.

Foi quando eu entendi que não bastava trabalhar mais. Eu precisava trabalhar certo. Com clareza, foco e direção. E tudo começou a mudar quando apliquei, de verdade, o planejamento estratégico.

Neste capítulo, vou compartilhar com você os cinco pilares que mudaram minha trajetória e a de centenas de empreendedoras que já mentoreei. Você vai entender por que, mesmo com tanto esforço, muitos negócios não saem do lugar, e como sair desse ciclo. Vai aprender, de forma prática, como aplicar o planejamento estratégico no seu dia a dia, seja em seu negócio de produtos, serviços ou ambos.

Porque, no fim das contas, você não precisa se matar de trabalhar. Você precisa aprender a trabalhar com direção.

## Muito esforço, pouca direção

A verdade é que muitos empreendedores vivem num ciclo de esforço sem clareza. Acordam já com a sensação de atraso, respondem mensagem no café da manhã, resolvem problema no meio do atendimento, fazem *post* quando lembram, lidam com equipe, financeiro, agenda, pedidos... e, no fim do dia, apesar de terem feito mil coisas, sentem que não fizeram nada realmente importante.

Vivem ocupados, mas não produtivos. Trabalham muito, mas sem saber se estão construindo o que sonharam. Tomam decisões no impulso, mudam o plano toda semana, fazem campanhas sem saber se funcionaram, entram em cursos e mentorias sem aplicar o que aprenderam. E carregam uma culpa constante por sentirem que estão devendo para o negócio, para a família e para si mesmos.

E o pior: não é por falta de talento. A maioria é dedicada, cheia de ideias, entrega com excelência. O que falta é estrutura, visão e estratégia.

Porque ninguém nos ensinou a ser empresários. Aprendemos a fazer, mas não a pensar como donos. Não aprendemos a liderar com foco, a planejar com clareza, a sair do operacional para construir algo sólido. E, quando isso não acontece, o cansaço vira estilo de vida e o crescimento parece privilégio de poucos.

## Quando a rotina vira prisão

O improviso não afeta só o faturamento. Ele desgasta emocionalmente. Corrói a motivação. Afasta do propósito. Prejudica a saúde mental, o relacionamento com a família e até a autoestima de quem empreende.

Talvez você se veja em alguns destes sinais:

- o mês acaba e você nem sabe quanto lucrou, nem por quê;
- você trabalha o dia todo, mas não vê progresso;
- vive pulando de ideia em ideia e não finaliza nada;
- perde oportunidades por falta de organização;
- sabe que precisa crescer, mas está tão sobrecarregado que nem consegue pensar nisso.

Eu vivi tudo isso. Tinha uma clínica cheia, mas atendia convênios com baixa margem e alta demanda. Corria o tempo todo, mas não parava para pensar no futuro. Não tinha tempo de analisar meus números, cuidar da equipe ou cuidar de mim. Era como se o negócio me controlasse, e não o contrário.

A virada veio quando parei de ser apenas executora e assumi meu papel de estrategista; quando entendi que delegar, treinar e confiar na minha equipe fazia toda diferença, e que desenvolver uma cultura forte internamente era tão importante quanto atrair novos clientes.

**Foi essa mudança que trouxe leveza, clareza e crescimento real**. E é exatamente isso que eu desejo que você viva também, porque o que muda sua empresa não é fazer mais, mas fazer com direção.

## Os cinco pilares do planejamento estratégico na prática

Planejamento estratégico não é luxo, é necessidade. É ele que transforma esforço em progresso, tarefas em metas e rotina em resultado.

Segundo Peter Drucker (1968), o planejamento estratégico não define exatamente o que fazer, mas ajuda a orientar decisões com base na inteligência e análise do cenário. E é exatamente isso: inteligência na forma de liderar seu negócio.

A seguir, você vai aprender os cinco pilares do planejamento estratégico, de forma prática, para aplicar hoje no seu negócio, seja ele de serviços ou produtos.

1. Tenha uma visão clara

Antes de decidir o que fazer, defina aonde quer chegar. Pergunte-se:

- "Qual faturamento desejo atingir em três ou seis meses?";
- "Quantos pedidos ou atendimentos posso realizar com qualidade?";
- "Que tipo de rotina quero viver?";
- "Qual imagem quero que os clientes tenham da minha marca?".

Exemplo para negócio de serviços: "Quero me tornar referência em estética facial, atendendo até quinze clientes por semana com faturamento de R$ 25 mil/mês".

Exemplo para negócio de produtos: "Quero vender R$ 30 mil/mês com loja on-line no Instagram, oferecendo experiência de compra rápida e humanizada".

Sua visão é o norte. Sem ela, qualquer caminho parece certo, e você se perde.

2. Faça um diagnóstico real

Você não chega ao destino sem entender de onde está partindo. Por isso, avalie:

- quais serviços ou produtos são mais lucrativos;
- quais canais trazem mais vendas;
- onde você está perdendo tempo, dinheiro ou energia.

Use a análise SWOT para organizar:

- **forças**: diferencial, qualidade, atendimento etc.;
- **fraquezas**: *marketing* falho, falta de rotina etc.;
- **oportunidades**: datas sazonais, tendências etc.;
- **ameaças**: concorrência, sazonalidade, mudanças de mercado etc.

Dica: anote tudo. Visualizar o cenário atual ajuda a tomar decisões mais assertivas.

3. Defina uma meta central para noventa dias

Sem uma meta clara, você se perde nas tarefas do dia a dia e acaba correndo atrás de tudo, menos do que realmente importa. Ter uma **meta central para os próximos noventa dias** é o que vai guiar suas ações com foco. Ela precisa ser **objetiva, mensurável e alinhada ao seu momento**

**de negócio.** Nada de frases soltas como "quero crescer" ou "quero vender mais". Isso não lhe dá direção.

Use a metodologia **SMART**.

- **S** = Específica: o que exatamente você quer alcançar?
- **M** = Mensurável: é possível medir em números?
- **A** = Atingível: cabe dentro da sua estrutura atual?
- **R** = Relevante: está alinhada com sua visão e com a fase do negócio?
- **T** = Temporal: tem prazo definido para acontecer?

Dica prática: escolha uma **única meta principal** por trimestre. Você pode ter outras metas de apoio, mas só uma deve ser o seu "foco das semanas". Essa é a meta que vai guiar sua energia, seu *marketing*, seu conteúdo, seu time e sua rotina. Quando tudo o que você fizer tiver um propósito claro, os resultados deixam de ser surpresa e passam a ser consequência.

4. Monte um plano de ação realista

Transforme a meta em tarefas práticas, organizadas por semana.

| Objetivo | Ação | Responsável | Prazo |
|---|---|---|---|
| Vender pacotes de serviço | Criar campanha no WhatsApp | Você | 10/08 |
| Vender *kits* promocionais | Gravar *reels* com demonstração | *Social media* | 12/08 |
| Aumentar fidelização | Criar bônus para recompra | Você/equipe | 18/08 |

Dica: Use *planner* físico, planilha ou caderno. O importante é visualizar as ações com prazo. Isso ajuda a sair da sensação de "tenho mil coisas para fazer" e entrar na mentalidade de "agora sei o que preciso fazer para alcançar minha meta".

5. Acompanhe os indicadores certos

Não adianta fazer tudo certo se você não monitora o que está funcionando. Quem não acompanha os números fica refém da sorte. Medir é o que dá segurança para corrigir, repetir ou descartar ações com base em dados, e não em achismos.

O que acompanhar? Depende do seu negócio, mas aqui estão indicadores essenciais:

Serviços:

- Quantos orçamentos geraram vendas?
- Quantos atendimentos por semana?
- *Ticket* médio?
- Faturamento por serviço?

Produtos:

- Pedidos por canal (Instagram, WhatsApp, *site*)?
- Produtos mais vendidos?
- *Ticket* médio por compra?
- Faturamento por campanha?

Dica: reserve um dia por semana (por exemplo, segundas-feiras) para revisar seus números e planejar os próximos passos.

Esses cinco pilares podem parecer simples — e são —, mas a maioria dos empreendedores não os aplica. E é justamente isso que diferencia quem vive no improviso de quem cresce com consistência.

## A virada começa quando você escolhe liderar de verdade

Você não precisa dominar tudo nem fazer sozinho para crescer. O que transforma um negócio é quando você decide parar de improvisar e começa a planejar com clareza, delegar com confiança e executar com intenção. Foi isso que mudou minha trajetória. Quando assumi meu papel de estrategista, construí uma equipe forte, uma cultura sólida e ganhei liberdade para crescer com equilíbrio. E você também pode.

Agora é a sua vez. Planeje com coragem. Delegue com sabedoria. Execute com propósito. Seu negócio e sua vida merecem essa virada.

### BIBLIOGRAFIA

COLLINS, J. *Empresas feitas para vencer*. Rio de Janeiro: Elsevier, 2009.

DORAN, G. T. There's a S.M.A.R.T. way to write management's goals and objectives. *Management Review*, v. 70, n. 11, p. 35-36, 1981.

DRUCKER, P. *O executivo eficaz*. São Paulo: Pioneira, 1968.

HUMPHREY, A. S. *SWOT Analysis*. Menlo Park: Stanford Research Institute, 1960.

KELLER, G.; PAPASAN, J. *A única coisa*. Rio de Janeiro: Sextante, 2014.

McKEOWN, G. *Essencialismo*. Rio de Janeiro: Sextante, 2015.

MEHRABIAN, A. *Nonverbal Communication*. Chicago: Aldine-Atherton, 1972.

SINEK, S. *Líderes se servem por último*. São Paulo: HSM, 2014.

“

Ser estratégica não é sobre fazer mais.
É sobre fazer melhor, com clareza
e direção.

Anna Karoliny Tluszcz

Como este capítulo pode contribuir para o seu **sucesso**?

# Camila Venancio

Sou retratista de marca pessoal, facilitando (re)conexões profundas. A imagem revela sua verdade e potencial. Com escuta e sensibilidade, guio você em um espaço seguro, onde a autenticidade floresce.

Entrego mais do que fotos: fortaleço sua presença, posiciono sua marca com confiança e impulsiono sua comunicação integral. Testemunhei inúmeros empreendedores encontrando voz e marcas alinhando a alma.

Meu olhar busca a beleza da sua verdade, tocando a autoconfiança e libertando seu potencial. Buscamos juntos um reflexo fiel da sua essência para construir conexões reais e alcançar sucesso.

venancio.camilla

+55 (11) 93030-5657

# 4

# SUA IMAGEM REVELA, SUA ESSÊNCIA CONECTA

Por Camila Venancio

Imagine o cenário profissional atual: no vasto e dinâmico oceano digital, em que um volume crescente de informações compete pela atenção cada vez mais fragmentada do público, a capacidade de um empreendedor se destacar de forma autêntica e gerar uma conexão genuína tornou-se um diferencial crucial. Em meio a esse complexo emaranhado visual e verbal, a resposta para emergir reside na compreensão profunda e na valorização estratégica da própria imagem — não como uma mera fachada estética, mas como a manifestação visível da identidade essencial, dos valores fundamentais que guiam cada passo e da proposta única que o diferencia no mercado. Uma imagem autêntica atua como um farol, atraindo aqueles que verdadeiramente se alinham à sua visão e aos seus princípios.

Para líderes de negócios, a imagem pessoal transcende a simples aparência, evoluindo para um canal de comunicação poderoso e multifacetado. Ela transmite confiança inabalável, a autoridade que emana da *expertise* genuína e a essência singular que os diferencia.

Num mundo onde a primeira impressão molda percepções duradouras e a consistência entre a mensagem verbal e não verbal é fundamental para construir credibilidade, cultivar uma imagem autêntica e estratégica não é um luxo, mas uma necessidade premente para o estabelecimento de relacionamentos profissionais sólidos e para o alcance de um sucesso sustentável.

Como observou Marshall McLuhan (1964, p. 7), "o meio é a mensagem". No contexto da sua marca pessoal, você, empreendedor, é o principal meio. Sua apresentação, sua linguagem corporal, seu estilo visual e a própria energia que você irradia comunicam uma mensagem imediata e poderosa, precedendo suas palavras. Alinhar essa mensagem visual à sua verdade interior é o alicerce para construir uma marca pessoal magnética e, consequentemente, lucrativa.

Contudo, muitos empreendedores talentosos enfrentam uma desconexão significativa entre a essência autêntica — valores mais profundos, paixões genuínas e talentos únicos — e a imagem que, por diversas razões, acabam projetando ao mundo. Absorvidos pelas demandas operacionais do dia a dia, pela pressão de se conformar a modelos preestabelecidos de sucesso ou pelo receio de expor suas vulnerabilidades, constroem, muitas vezes inconscientemente, uma imagem superficial, genérica ou desalinhada com sua verdadeira natureza, o que inevitavelmente gera ruído na comunicação e dificulta a atração do público certo — aquele que verdadeiramente se conectaria com seus princípios e com a singularidade de sua oferta.

A ausência de uma imagem pessoal clara, coesa e autêntica pode acarretar uma série de dificuldades interligadas que minam o potencial de construir uma marca memorável e duradoura, além de gerar uma insegurança subjacente que corrói a autoconfiança, essencial para liderar com convicção e paixão. Brené Brown (2012) nos lembra de que a autenticidade reside na escolha diária de ser real, de ser honesto e de permitir que nosso verdadeiro eu seja visto. Tentar sustentar uma imagem falsa, que não reflete nossa verdade interior, é um processo exaustivo e, a longo prazo, invariavelmente ineficaz, pois o público, mesmo que de forma intuitiva, percebe a incongruência, resultando em perda de confiança e, consequentemente, em uma diminuição do valor percebido de nossa oferta e de nossa liderança.

Negligenciar essa vital conexão entre a essência e a imagem pessoal tem impacto direto e significativo na lucratividade e no potencial de crescimento de qualquer empreendimento. Uma imagem desalinhada dificulta a construção de relacionamentos sólidos e duradouros com os clientes, pois a confiança, que é o alicerce de qualquer relação comercial bem-sucedida, é inevitavelmente abalada pela percepção de falta de autenticidade. Além disso, essa desconexão dificulta a atração dos clientes ideais, aqueles que realmente valorizam sua proposta única e que se tornariam defensores da sua marca.

Quando sua imagem não comunica claramente seus valores e sua singularidade, você atrai um público que pode não ressoar verdadeiramente com seu trabalho, levando a relacionamentos transacionais e menos satisfatórios. Consequentemente, a percepção de valor do seu trabalho pode ser diluída. Uma imagem que não irradia confiança e autenticidade impede que você se posicione como uma autoridade em seu nicho e cobre o preço justo por sua *expertise* e pelo valor que você entrega. Como sabiamente aponta Seth Godin (2005), as pessoas não compram apenas bens e serviços; elas compram relacionamentos, histórias e a magia que você oferece. Sua imagem pessoal é um componente fundamental dessa narrativa e dessa experiência única que você proporciona.

O caminho para construir uma imagem pessoal poderosa e, consequentemente, lucrativa reside em um processo contínuo e profundo de autoconhecimento. É uma jornada de introspecção para identificar seus valores fundamentais, suas paixões autênticas que impulsionam sua dedicação, seus talentos únicos que o diferenciam e a maneira específica como você deseja causar um impacto positivo e significativo no mundo. Sua imagem pessoal é a manifestação externa dessa riqueza interior.

O resultado visível é apenas a expressão de um trabalho interno de descoberta, aceitação e alinhamento. Investir nesse processo não se trata de criar uma persona artificial, mas de descobrir, nutrir e potencializar sua autenticidade inerente, aprendendo a expressar visual e comportamentalmente sua singularidade de forma estratégica, alinhada com seus objetivos de negócio e com o público que você deseja alcançar e influenciar de maneira genuína. Essa congruência entre sua essência e sua projeção gera uma confiança magnética, atrai naturalmente as pessoas certas e eleva a percepção de valor do seu trabalho. Como enfatizou Carl Rogers (1961), só utilizamos plenamente nosso potencial quando conectados com nossa verdadeira essência. Uma imagem autêntica atrai seus clientes ideais e estabelece as bases para relacionamentos duradouros e mutuamente benéficos.

A consistência da imagem pessoal em todos os pontos de contato com o público é um fator crucial para a construção da confiança e da credibilidade a longo prazo. Em um mundo digital saturado de informações e de ruído, uma mensagem clara e coerente, veiculada de forma uniforme em todas as plataformas — desde o *website* pessoal e os perfis nas redes sociais até as apresentações em eventos e as interações por *e-mail* —, reforça a autenticidade da marca pessoal. Essa uniformidade não se limita apenas ao conteúdo da mensagem, mas ao tom de voz, ao estilo visual e aos valores comunicados. Uma imagem consistente transmite profissionalismo, organização e um profundo senso de identidade, facilitando o reconhecimento e a memorização da marca pessoal pelo público. Essa coerência elimina ambiguidades e fortalece a percepção de que o empreendedor é genuíno e confiável em todas as suas interações.

Abrace a jornada da consistência como um farol que guia sua marca pessoal por meio do oceano digital. Que cada ponto de contato com seu público seja um reflexo nítido e fiel da sua essência, um testemunho da sua verdade inabalável. Pois, nessa coerência resiliente, nessa sinfonia unificada de mensagem, tom e valores, reside o poder de construir não apenas uma marca reconhecível, mas uma reputação inabalável de confiança e credibilidade. Ao ter uma imagem consistente, você constrói um legado de autenticidade que ressoa profundamente no coração daqueles que você busca alcançar. Que a sua verdade, expressa com clareza e constância, seja a força motriz que impulsiona o seu sucesso e a sua conexão genuína com o mundo.

Portanto, convido você, empreendedor visionário que busca não apenas o sucesso financeiro, mas também um impacto significativo e duradouro no mundo, a embarcar nesta jornada transformadora de alinhamento profundo entre sua essência mais autêntica e a imagem poderosa que você projeta para o mundo. Permita-se explorar a profundidade de sua autenticidade e expressá-la com confiança e convicção ao mundo, pois é nessa verdade que reside o seu poder de atração e de conexão. Ao fazer isso com integridade e paixão, você não apenas atrairá um número maior de clientes que valorizem genuinamente o que você oferece, mas construirá conexões significativas e duradouras, fundamentadas na verdade do seu ser.

Lembre-se das palavras inspiradoras de Maya Angelou (2014): as pessoas podem esquecer o que você disse ou fez, mas nunca esquecerão como você as fez sentir. Sua imagem autêntica tem o poder de tocar as emoções do seu público de maneira profunda e duradoura, criando laços de lealdade e admiração que transcendem a transação comercial. O resultado desse alinhamento é um aumento natural e sustentável da percepção de valor do seu trabalho e, consequentemente, da sua lucratividade. Quando sua imagem emana verdade e confiança, você se posiciona como uma autoridade em seu nicho, atraindo oportunidades e clientes que valorizam sua singularidade e sua autenticidade. Sua imagem é muito mais do que uma representação visual; é a celebração da sua jornada de autodescoberta e da sua capacidade de se conectar com o mundo de forma autêntica e impactante. Deixe sua essência brilhar intensamente por meio da sua imagem e observe a transformação acontecer em seus negócios e em sua vida profissional.

## BIBLIOGRAFIA

ANGELOU, M. *I've Known Rivers*: Collected Poems. New York: Random House, 2014.

BROWN, B. *Daring Greatly*: How the Courage to Be Vulnerable Transforms the Way We Live, Love, Parent, and Lead. New York: Gotham Books, 2012.

GODIN, S. *All Marketers Are Liars*. New York: Portfolio, 2005.

McLUHAN, M. *Understanding Media*: the Extensions of Man. New York: McGraw-Hill, 1964.

ROGERS, C. *On Becoming a Person*: a Therapist's View of Psychotherapy. Boston: Houghton Mifflin, 1961.

“

Lembre-se: você é único e esse é o seu diferencial. Abrace sua autenticidade, pois ela é a chave para conexões reais e duradouras.

Camila Venancio

# Como este capítulo pode contribuir para o seu **sucesso**?

# Cida Barbosa

Sou Cida Barbosa, 42 anos, menina nascida no interior mineiro, cheia de sonhos e movida pela coragem. Filha de uma família simples e batalhadora, sempre fui a irmã teimosa e ousada entre seis. Aluna dedicada, fui a primeira a conquistar um diploma. Casei-me aos 22 anos, fui mãe aos 27, quando nasceu o Stenio. Aos 33, eu me redescobri, foi o momento em que encontrei meu chamado, e, aos 37, a vida me presenteou com o Heitor, um filho atípico.

Graduada em Publicidade e Propaganda, especializei-me em cuidar das pessoas e desenvolvê-las; já são mais de quinze anos de experiência, transformando empresas e pessoas, levando crescimento e significado por onde passo. A minha história é baseada na superação de adversidades, mas sempre acreditei que é possível transformar realidades por meio da vontade e da dedicação.

cidabarbosaconsultora

+55 (34) 99950-3904

Cida Barbosa

Cida Barbosa

METAMORFOSE PARA O SUCESSO

# 5

# AUTENTICIDADE: SUA MARCA COMO LÍDER

Por Cida Barbosa

METAMORFOSE PARA O SUCESSO

O que é ser autêntico? O que nos faz deixar uma marca única e genuína no mundo? Em um cenário tão cheio de padrões, escolher viver a própria marca é um ato de ousadia. Muitos de nós, no decorrer da vida, seguimos modelos de comportamento, somos influenciados por personagens, figuras públicas, familiares e amigos. Vamos, ao longo dos anos, espelhando-nos em vários estilos, e isso é sempre válido — faz parte da nossa formação enquanto seres humanos e profissionais. Mas o que se percebe também, ao longo dessa jornada, é a tendência em se perder em meio a tantas referências. Quando falo em "se perder", refiro-me ao fato de, muitas vezes, o indivíduo não mais demonstrar sua marca, ou seja, o seu jeito, o seu modo, a sua cara, pois está sempre mascarado com a cara dos outros.

Crescer em uma cidade com apenas 2 mil habitantes e desafiar todas as expectativas para me tornar uma referência profissional não foi um caminho fácil, mas foi esse percurso que moldou uma visão clara sobre o que significa ser um líder autêntico. As pessoas buscam seguir líderes autênticos, não personagens construídos para impressionar. Essa ideia reflete um dos maiores desafios da liderança moderna: ser genuíno em meio a tantas expectativas e pressões externas.

Desde muito jovem, soube que minha trajetória seria marcada por escolhas ousadas. Passei em um concurso público aos 18 anos, garantindo uma estabilidade que muitos considerariam o ápice do sucesso, mas dentro de mim ardia um desejo incontrolável de ir além, de transformar e impactar. Escolhi deixar o serviço público para buscar meus sonhos e construir minha história do meu jeito, um jeito que foi e tem sido aperfeiçoado ano após ano. Ascender em um ambiente onde as possibilidades eram limitadas não diminuiu minha visão de mundo — pelo contrário, ampliou minha determinação. Eu sabia que minha autenticidade seria testada inúmeras vezes, desde a escolha de deixar a estabilidade do serviço público até a ousadia de liderar em um cenário que não estava preparado para uma mulher com voz ativa. Mas foi essa mesma autenticidade que abriu portas, construiu conexões e me permitiu transformar vidas e organizações.

Eu sempre digo que somos seres únicos carregando vários papéis na vida social, profissional, familiar e pessoal; temos uma série de responsabilidades para desempenhar, e a reflexão que quero instigar em você é: será que as pessoas o reconhecem na forma como você tem vivido? Você "líder" é uma extensão de você "pessoa", e sua maneira de liderar retrata quem você é; mas será que esse retrato tem sido fiel?

Em um mundo corporativo dinâmico, agressivo e competitivo, a disposição de ser genuíno e transparente não apenas destaca um líder e gera conexões reais e duradouras, mas o expõe a críticas constantes e suas consequências. Esses fatos nos trazem a validação de que as pessoas são inspiradas pelas nossas verdades, e isso envolve, muitas vezes, a demonstração das nossas vulnerabilidades.

O mercado pregou por muito tempo que líderes eram figuras inatingíveis, verdadeiros super-heróis, que não poderiam errar ou demonstrar-se frágeis, pois eram líderes, e, na posição em que se encontravam, alguns comportamentos não eram aceitos. Esse mesmo mercado busca resgatar a sensibilidade, potencializar a escuta e a proximidade, e tem estimulado os ocupantes desses cargos a se demonstrarem mais humanos, como de fato o são, pois ser perfeito nunca aproximou pessoas.

A autenticidade não é uma habilidade isolada, mas um compromisso com a verdade, com os valores pessoais e com a coerência entre discurso e ação. Não cabe mais usar a frase: "Faça o que digo e não o que faço"; não temos espaço para modelos de liderança que não conduzem pelo exemplo, pela transparência e pela congruência. As pessoas compram o líder antes de comprar sua visão, e isso traz claramente o sentido de que, antes de conquistar metas e alcançar resultados, é indispensável apossar-se da confiança das pessoas.

Nota-se que um líder que opera com autenticidade inspira, cria motivos nas pessoas e estabelece um ambiente de segurança psicológica, no qual se sintam apreciadas e animadas a expressar suas ideias. Fomos criados ouvindo ou mesmo dizendo a frase "é o meu jeito", com o claro desejo de justificar uma maneira, uma ação ou um comportamento. Esse exemplo de afirmação ajuíza uma precisão verdadeira de sermos acolhidos como de fato nossa essência se demonstra, e isso traz a dinâmica interna de busca por honrar nossa personalidade, bem como nosso jeito único de ser.

Porém, a convivência em coletividade revela alguns pontos que cabem ser ressaltados. O equilíbrio e o limite podem ser citados como fatores de ajustamento, ou seja, a visão de empatia e a sensibilidade de trafegar pelas diferenças, validando o equilíbrio de ser quem realmente somos para estar no coletivo.

Como mãe de um adolescente de 15 anos e um garoto autista de 4, sei que liderar exige mais do que técnicas e estratégias, exige coração. É sem dúvidas um grande exercício, e nem sempre alguns ambientes estão preparados para nós. Digo isso pois, em alguns momentos da minha carreia, tive que deixar para trás alguns lugares simplesmente pelo fato de, naquele momento, o ambiente não estar preparado para quem eu já tinha me tornado. Isso possivelmente já aconteceu com você, e você pode ter agido como eu, escolhendo não entrar no modo adaptação continuada ou criando vários modelos adaptativos — o que não é nada errado.

Demonstrar a vulnerabilidade de modo autêntico possibilita criar relacionamentos de confiança. Essa vulnerabilidade, longe de ser uma fraqueza, é uma força que aproxima as pessoas e humaniza a liderança. No outro hemisfério, quando falamos de egocentrismo, uma postura de "eu nasci assim, vou morrer assim" pode ser danosa para todos os envolvidos na relação. Os desafios da liderança autêntica são imensos; é preciso audácia para tomar decisões impopulares, consistência para manter-se fiel aos princípios, e humildade para reconhecer erros. Líderes que se escondem atrás de uma fachada acabam perdendo a credibilidade e, consequentemente, a capacidade de inspirar.

De maneira semelhante, o conceito de "eu sou assim, e quem quiser que me aceite" cria impedimentos que bloqueiam as relações, tornando-as frias, distantes e improdutivas. Essa jornada para uma liderança autêntica começa com autoconhecimento, descobertas profundas sobre nossos comportamentos, nossos direcionadores, origens e crenças. Líderes que abarcam suas potencialidades, temores e valores são bons em agir de maneira congruente e inspiradora.

De outro lado, diferentemente da autenticidade, o egocentrismo, ou o "seja você mesmo", "mostre para que veio", nutre uma aplicação distorcida de que mudar ou adaptar-se constitui um sinal de covardia ou perda de identidade. No ambiente corporativo, a autenticidade se traduz em decisões mais assertivas, comunicação transparente e uma cultura organizacional forte. Essa força nada mais é do que um espaço respeitoso e encorajador, que valoriza a escuta ativa, o *feedback* contínuo e proporciona um espaço acolhedor e desenvolvedor.

A habilidade de compreender e se conectar genuinamente com os outros fortalece o vínculo entre líder e liderado.

Assim, a autenticidade na liderança não significa apenas ser verdadeiro consigo mesmo, mas ser capaz de reconhecer e valorizar a verdade dos outros. É o que quero dizer com "seja você mesmo", mas sem egocentrismo; perceba a contribuição do outro na sua vida. Ser um líder autêntico não significa agir sem filtros ou sem considerar o impacto de palavras e ações. Equilíbrio é essencial. A autenticidade eficaz é aquela que constrói, fortalece e impulsiona os outros a crescerem. Ser um líder autêntico é ter a coragem de se mostrar como realmente é, de defender seus valores e de inspirar pelo exemplo. É liderar com o coração e com a razão, construindo um legado que transcenda resultados, mas transforme vidas.

Precisamos de líderes autênticos, não de clichês. Isso significa que um verdadeiro líder é aquele que constrói sua própria identidade, sem copiar modelos prontos ou adotar posturas artificiais; é algo que se constrói dia após dia, baseado nos valores e nas experiências diárias ao lado de outras pessoas. No fim das contas, ser um líder autêntico é muito mais do que apenas uma estratégia de gestão, é uma escolha de vida, entendendo que sua verdade precisa estar alinhada com os objetivos organizacionais.

Encontrar esse equilíbrio entre ser fiel a si mesmo e atender às demandas estratégicas do negócio é o que diferencia um grande líder de um gestor comum. Envolve desafios, decisões difíceis e, muitas vezes, o peso de ser diferente em um mundo que espera consenso. O mundo corporativo não precisa de líderes perfeitos, e sim de líderes verdadeiros.

A cada escolha e decisão que tomo, carrego a glória e a dor de viver do meu jeito, frase que tatuei nas costas como um lembrete constante da minha essência. Há dias em que o peso da responsabilidade parece esmagador, e é aí que a autenticidade se prova essencial. Ela nos lembra por que começamos essa jornada. Em momentos de dúvida, é a nossa verdade que nos guia, que fortalece nossas equipes e dá sentido ao nosso trabalho. Afinal, a liderança não se mede apenas pelos resultados, mas pelo impacto que deixamos nas pessoas que caminham ao nosso lado.

Cada trajetória é única, e a minha história é prova de que não existem barreiras intransponíveis para quem escolhe liderar com verdade. O caminho pode ser desafiador, mas, ao final, a maior recompensa é saber que impactamos vidas e construímos um legado baseado naquilo que realmente somos. Como diz minha tatuagem: "Carrego a glória e a dor de viver do meu jeito", e é esse jeito autêntico que define minha liderança.

Carrego no peito as cicatrizes da minha coragem e os troféus da minha ousadia.

Cida Barbosa

# Como este capítulo pode contribuir para o seu **sucesso**?

# Claren Elias

Sou Claren Elias, apaixonada por construir futuros em que a inovação, a tecnologia e a experiência humana caminhem juntas. CEO da consultoria Dediq Hub, especialista em Inovação de *Customer Experience* (CX), TEDx *Speaker*, professora, palestrante e mentora de empreendedores e empresas que querem liderar a transformação, não apenas acompanhá-la.

Com formação em Gestão de Tecnologia da Informação (TI), *User Experience* (UX) *Design* e Neurociência do Consumo, e quase duas décadas dedicadas às áreas de relacionamento com clientes, ajudo negócios de todos os portes a dominarem a arte de criar experiências inesquecíveis de forma simples, consciente e alinhada ao novo comportamento do consumidor.

Minha missão é conectar inovação com soluções que encantam, geram valor real e preparam empresas e pessoas para um futuro que já começou.

claren.elias

www.clarenelias.com.br

METAMORFOSE PARA O SUCESSO

# 6

# EMPREENDER É A CORAGEM DE INOVAR

Por Claren Elias

Se alguém me perguntasse hoje qual foi o momento em que a inovação deixou de ser apenas um conceito bonito para se tornar uma necessidade vital na minha vida, eu não hesitaria: foi quando, aos 24 anos, lá em 2012, olhei para a minha carreira consolidada em um dos maiores bancos privados do Brasil e decidi sair, justamente no momento em que o mundo começava a se digitalizar em ritmo frenético e o banco, em vez de surfar a onda, tentava remar contra ela.

Eu era jovem, mas sabia o suficiente para perceber que algo muito maior estava acontecendo: a internet deixava de ser um luxo para se tornar a nova infraestrutura do mundo. O comércio eletrônico dava seus primeiros saltos gigantescos. As empresas começavam a mudar suas bases. E eu sentia, no fundo da alma, que ficar onde eu estava seria como ancorar minha vida.

Foi uma decisão difícil e solitária. Todos me chamavam de louca por largar a carreira que poderia me levar a uma aposentadoria tranquila. Mas esse foi o meu primeiro grande ato de inovação. Não era apenas uma troca de emprego. Foi a escolha consciente de abandonar um modelo mental que não se encaminhava para o futuro em que eu queria estar. Era uma estrada incerta, e eu arrisquei segui-la sem conhecer muito sobre o novo mundo digital. Saí sem planos concretos, apenas com a certeza de que precisava mergulhar nesse universo.

Devido a movimentos que fiz em minha vida pessoal, e também por essa escolha profissional, precisei trancar minha faculdade de Publicidade e Propaganda. Para me manter ativa, resolvi fazer um curso de *Design*. Era uma tentativa de encontrar um novo caminho. Até que o acaso me colocou, por engano, em uma aula de gestores de e-*commerce* e *marketing* digital. Quando percebi o erro, poderia ter reclamado, mas algo me dizia: "Fica até o fim. Amanhã você reclama". E foi assim que eu percebi que o lugar errado era o curso de *Design*.

No dia seguinte, avisei a escola sobre o erro, mas disse que queria permanecer no curso. Porém, não tinha dinheiro para pagar a diferença. Foi então que recebi a resposta que mudaria minha história: "Como correção do nosso erro, vamos lhe dar o curso". E eu abracei aquela oportunidade como se fosse a última janela aberta no meio da tempestade.

Daquele curso, veio o convite para trabalhar no atendimento ao cliente de um *e-commerce* em ascensão. E foi nesse ambiente que uma nova ficha caiu: o cliente digital era um novo ser humano, com novas expectativas, nova velocidade e nova linguagem. A experiência do cliente, que eu tanto cultivava no universo bancário tradicional, agora precisava ser reinventada.

Eu podia seguir fazendo o que sempre fiz bem, só que pela internet e com um novo público; mas, para isso, eu precisava inovar, repensar conceitos, conhecer esse novo consumidor. Precisava, principalmente, me transformar digitalmente, adotando ferramentas, mentalidades e estratégias próprias desse novo mundo. Foi ali que vivi, na pele, a diferença entre dois conceitos que até hoje vejo serem confundidos: inovação e transformação digital.

**Inovação** é o ato de criar algo novo ou repensar o que já existe para gerar mais valor. Já **transformação digital** é o uso estratégico das tecnologias para mudar radicalmente a forma como entregamos esse valor. Parece sutil, mas a diferença muda tudo. Inovação é mentalidade. Transformação digital é uma ferramenta. Inovação é o "porquê". Transformação digital é o "como".

Neste capítulo, vou mostrar por que entender essa diferença pode ser o divisor de águas entre empreender para sobreviver e empreender para liderar o futuro, pois, no final das contas, inovação não é sobre tecnologia — é sobre coragem. E é por isso que a sua história também pode ser escrita e reescrita quantas vezes forem necessárias, assim como eu escrevo e reescrevo a minha até hoje.

Quando se fala em inovação, é normal nosso cérebro visualizar grandes investimentos e equipes dedicadas a criar o "próximo grande produto". Afinal, existe o viés da familiaridade: ouvimos tantas vezes que inovação vem de grandes marcas, como Nubank, Netflix, Airbnb, que passamos a acreditar que inovar é distante. Mas já vou adiantar algo: na prática, inovação é muito mais sobre sobrevivência do que sobre grandiosidade. A inovação mais poderosa e, muitas vezes, a mais transformadora nasce da necessidade e da mentalidade, não do orçamento.

Eu aprendi isso de um jeito muito pessoal quando deixei o mundo corporativo para me lançar no universo digital. Eu não tinha investimento, nem contatos influentes, nem um *roadmap* claro. Inclusive, anos depois, quando resolvi empreender e abrir a minha consultoria, a Dediq Hub, isso não foi diferente. Eu vi que estava me "matando" para sustentar o negócio de empresários que não estavam tão preocupados com o futuro e o cliente quanto eu estava. Percebi que poderia dedicar essa energia para ajudar empreendedores e empresas que realmente precisavam do conhecimento que eu tinha para acrescentar aos seus negócios.

Esses cenários me ensinaram a me perguntar: "Com o que eu tenho agora, como posso criar valor de uma forma nova?".

E eu tinha uma carta "coringa" na manga: conhecer profundamente a necessidade de cuidar, ouvir clientes e tratá-los como cocriadores dos negócios. Afinal, todo negócio nasce da necessidade de um grupo de pessoas. Mas, depois disso, muitos se perdem; focam apenas o faturamento e esquecem que, se algo nasceu de uma dor do cliente, nada mais justo do que continuar perguntando a ele: "Do que você precisa? Como você precisa? Do que mais você precisa além disso?".

Foi aí que entendi mais uma coisa: se inovação é o "porquê" e transformação digital é o "como", então a experiência do cliente é o "para quem".

E aí você pode se perguntar: "Claren, então se eu só estou focado em ferramenta ou tecnologia, mas esqueci para quem estou fazendo isso, eu não estou inovando de verdade?". Eu respondo, sem medo de errar: sim! E isso é poderoso em qualquer estágio do empreendedorismo, seja escrevendo seu projeto ou rumo à expansão do seu faturamento e sua equipe.

Se tem algo que a minha trajetória me ensinou, dos escritórios corporativos às salas de aula como professora, é que inovar não é um evento isolado. Inovar é resistir à tentação de se acomodar. Inovar é aceitar que, em muitos momentos, será necessário reconstruir ideias, reescrever estratégias e escutar a si mesmo e seus clientes. E que, sim, está tudo bem fazer isso. Porque inovar não é sobre criar algo inédito todos os dias. É sobre ter a coragem de olhar para o que já existe e perguntar: "Isso ainda faz sentido para onde estou indo?". Afinal, o mercado muda. As tecnologias mudam e se atualizam. As pessoas mudam. Você muda. E para navegar melhor nesse cenário, existe uma ferramenta que pode ajudar: o *foresight* — o estudo dos futuros possíveis.

O *foresight* nos convida a observar tendências, comportamentos emergentes, avanços tecnológicos e sinais de mudança para desenhar possíveis cenários futuros. Não se trata de adivinhar o futuro. Trata-se de preparar sua mente e seu negócio para serem adaptáveis, intencionais e resilientes diante das mudanças.

Para praticar essa mentalidade, comece respondendo a estas perguntas.

1. **Para observar tendências:**

- Quais mudanças você percebeu nos hábitos dos seus clientes nos últimos meses?
- Quais novas tecnologias estão surgindo no seu setor?

2. **Para questionar padrões estabelecidos:**

- Algo que parecia estável há cinco anos mudou completamente?
- O que isso pode ensinar sobre a velocidade das mudanças?

3. **Para construir possíveis cenários futuros:**

- Imagine dois ou três cenários para o seu mercado nos próximos anos. Como seu negócio se encaixaria em cada um deles?

Inovar é, acima de tudo, estar disponível para o que ainda não aconteceu. E se pensar sobre o futuro é essencial, entender profundamente quem estará nesse futuro com você é ainda mais.

Lembra a carta "coringa" que mencionei antes? Agora é hora de colocá-la nas suas mãos também. Seu "naipe" é: Mapa de Empatia. Esse mapa é uma metodologia prática que nos convida a mergulhar na mente e no coração do cliente e ver além de dados demográficos e métricas frias.

Para isso, faça a você mesmo estas perguntas sobre seu cliente: O que ele...

| ***PENSA E SENTE?*** Principais preocupações, sonhos e frustrações. | ***VÊ?*** Estímulos visuais, sociais e de mercado. | ***OUVE?*** Vozes que influenciam suas decisões. |
|---|---|---|
| ***FALA E FAZ?*** Como se expressa e age. | ***DORES?*** Obstáculos e problemas enfrentados. | ***GANHOS?*** Benefícios e conquistas desejadas. |

Construir o Mapa de Empatia do seu cliente após entender sobre o futuro do seu negócio é **um exercício de humildade e presença**. É parar de projetar o que você acha que ele precisa e começar a enxergar o mundo pelos olhos dele.

Essas estratégias vão ajudá-lo a se levantar da cadeira em que você está, mesmo que ela seja tão atraente quanto a minha era no banco, e assumir a inovação que sua trajetória e seu negócio precisam. Eu tenho o hábito de desenhar minhas metas anuais entre o fim e o início do ano, e uso essas estratégias para escrever as metas que quero percorrer ao longo do novo ano, considerando inovação, transformação digital e o cliente.

O futuro que você quer construir começa, sempre, com uma pergunta sincera: "Com quem, como e para onde estou indo?".

"

Inovar é aceitar que, em muitos momentos, será necessário reconstruir ideias, reescrever estratégias e escutar a si mesmo e aos seus clientes.

Claren Elias

Como este capítulo pode contribuir para o seu **sucesso**?

# David Champs

Sou David Champs, casado com Bruna Bigardi e pai do Noah. Fundador da barbearia The Champs, em Alphaville, aberta em 2020, em plena pandemia. Comecei com poucos recursos, muita fé e um sonho: criar um espaço onde clientes se sentissem em casa e barbeiros tivessem orgulho de trabalhar. Vivi na pele os desafios de empreender sem apoio, e foi na dificuldade que aprendi a importância da visão, da gestão e da coragem de continuar. Hoje, além de liderar meu time, dedico parte do meu tempo a ajudar outros barbeiros e donos de barbearias a se organizarem, crescerem e acreditarem no seu potencial. Escrevo este capítulo para compartilhar aquilo que gostaria de ter ouvido lá no começo. Meu propósito é claro: inspirar, ensinar e caminhar junto com quem tem coragem de sonhar grande.

ochamps_

# 7

# A IMPORTÂNCIA DE DELEGAR COM CONFIANÇA

Por David Champs

## A centralização sufoca a expansão

Em novembro de 2020, em meio à incerteza da pandemia, nasceu a The Champs — um sonho que finalmente saía do papel, mas que começou num cenário completamente adverso. Na época, eu era o único responsável por tudo: atendia clientes, limpava, comprava produtos, cuidava do financeiro, respondia mensagens, resolvia problemas. Era uma barbearia, mas parecia uma empresa de "uma pessoa só".

No começo, isso fez sentido. Eu queria garantir que tudo fosse bem feito. Mas, com o tempo, percebi que o excesso de controle estava me travando. Quanto mais eu tentava centralizar tudo, menos as coisas fluíam. E foi aí que entendi uma verdade simples, mas que mudou tudo: **a centralização é a inimiga da expansão**.

Delegar é mais do que distribuir tarefas; é sobre acreditar. Acreditar que o seu time é capaz, que existem pessoas ao seu lado com talento, visão e responsabilidade.

Quando comecei a confiar mais na minha equipe — não apenas para a execução, mas também para a tomada de decisões —, tudo mudou. A barbearia cresceu, o atendimento melhorou, o ambiente ficou mais leve. O time passou a ter mais autonomia, e eu, mais clareza para pensar no estratégico, no crescimento, no próximo passo.

Hoje, com a The Champs estruturada e em expansão, posso afirmar: delegar com confiança não é perder o controle, é multiplicar o potencial.

## A dor da centralização

Empreender é sonhar com liberdade. É imaginar um futuro no qual você tenha mais autonomia, mais tempo com a família, mais qualidade de vida. Mas a realidade, quando a centralização toma conta, é outra. Eu me tornei escravo do meu próprio negócio.

A The Champs dependia 100% de mim. Se eu faltasse, nada acontecia. Se eu adoecesse, o faturamento parava. Se eu descansasse, a ansiedade batia. Eu não era mais um empresário; eu era um "empresidiário", preso à rotina, às demandas, à necessidade de estar em tudo e controlar tudo.

Essa sensação de ser indispensável, em vez de ser um sinal de valor, se tornou um peso. Eu não conseguia aproveitar o lado bom de empreender. O negócio crescia em faturamento, mas me consumia em tempo, energia e paz.

Eu saía de casa cedo, chegava exausto, e ainda passava noites respondendo mensagens, fechando caixa, anotando pendências, resolvendo problemas. Minha mente não desligava. E a pior parte? Achava que isso era normal. Que esse era "o preço do sucesso".

Mas não era sucesso. Era descontrole mascarado de comprometimento. A verdade é que, enquanto tudo gira ao redor do dono, o negócio funciona como um organismo, mas como uma corrente, e o próprio dono é quem carrega o peso. Aprendi, na dor, que centralizar não é ser responsável — é ser refém.

**O ponto de virada**

A virada não veio por escolha, veio por necessidade. Foi literalmente na dor. Sofri um acidente e quebrei o metacarpo. Precisei colocar três pinos no dedão da mão esquerda e, naquele momento, tudo parou. Na minha cabeça, o mundo desabou. Como continuar tocando a barbearia sem poder cortar cabelo? Como manter o faturamento sem estar na linha de frente? Eu era o centro de tudo e agora estava fora de combate.

Foi nesse cenário que meus olhos se abriram. Pela primeira vez, eu **precisei** olhar diferente para o meu time. E enxerguei o que sempre esteve ali: gente talentosa, capaz e comprometida. Pessoas que conheciam o ritmo da barbearia, sabiam cuidar dos clientes e estavam prontas para mais, mas eu ainda não tinha dado espaço.

Até então, eu vivia focado no operacional, na execução, em gerar receita. Mas a verdade é que não havia gestão. Existia esforço, trabalho duro, mas sem direção clara, sem processos bem definidos, sem organização. Com a mão imobilizada, precisei usar a cabeça. Precisei confiar. Delegar tarefas que antes só eu fazia. Ensinar, orientar, acompanhar e principalmente **entregar a responsabilidade com confiança**.

E foi aí que algo surpreendente aconteceu: a The Champs começou a funcionar melhor. Mais fluida, mais leve, mais profissional. Então eu entendi: eu não tinha só uma barbearia — eu tinha uma empresa.

O crescimento verdadeiro começou quando deixei de segurar tudo sozinho e comecei a conduzir como líder. Aquela limitação física, que parecia o fim, virou o início de um novo tempo.

**O verdadeiro significado de delegar**

Delegar não é largar. Delegar é **ensinar**, **confiar e acompanhar**. O termo "delegar" vem do latim *delegare*, que significa "enviar como representante".

Ou seja, é **entregar com autoridade**, sabendo que a pessoa está preparada e tem a sua confiança.

Muita gente confunde delegar com simplesmente passar uma tarefa para alguém e torcer para que dê certo. Mas isso não é delegar — isso é "delargar". É abrir mão sem direção, sem clareza, sem acompanhamento. E o resultado quase sempre é frustração dos dois lados. Delegar com confiança é um processo.

Existe uma parábola de liderança que traduz isso de forma simples e profunda. O líder faz, e o liderado observa.

1. O líder faz, e o liderado ajuda.
2. O liderado faz, e o líder ajuda.
3. O liderado faz, e o líder observa.

Esse ciclo desenvolve autonomia sem abrir mão da excelência. Ele transforma colaboradores em parceiros. Porque, no fundo, delegar é isso: **acreditar que o outro também pode fazer bem feito**. E quando você ensina, confia e acompanha, algo mágico acontece: as pessoas crescem, e, junto com elas, a empresa cresce também.

Foi exatamente isso que aconteceu na The Champs. Quando comecei a aplicar esse processo, percebi que meu time não só queria mais responsabilidades: ele estava pronto para elas. Eles só precisavam de espaço e direção. Hoje, cada barbeiro ali entende o seu papel, tem clareza nas funções e sabe que sua entrega tem valor, porque não foram só funções que eu deleguei; eu compartilhei responsabilidade, visão e confiança.

**O impacto da confiança e o poder do crescimento**

Com tudo isso, aprendi uma das maiores lições da minha jornada empreendedora: **delegar com confiança gera crescimento em abundância**. Porque quando a confiança entra, o medo sai. E com menos medo, as pessoas se arriscam mais, aprendem mais, desenvolvem-se mais. O time cresce. A cultura amadurece. A empresa evolui.

Mas esse crescimento não vem por mágica. Ele nasce quando o líder entende que fazer o elenco crescer é o caminho para fazer o negócio crescer. Hoje, eu vejo com clareza: **empresas não crescem; quem cresce são as pessoas**. E quando as pessoas crescem, a empresa acompanha.

Cada integrante do time The Champs tem um papel nesse crescimento, porque não é sobre cargos, é sobre propósito. Não é sobre entregar tarefa, é sobre desenvolver gente. E quando todos crescem juntos, o que nasce é mais do que uma equipe — é um time com identidade, visão e gratidão. Gratidão por fazer parte. Gratidão por ser visto. Gratidão por evoluir ao lado de quem acredita no processo.

Delegar com confiança é um ato de amor, de liderança e de fé. E quando a gente vive isso de verdade, o resultado é claro: a liberdade chega, o peso sai dos ombros... e o sonho de empreender volta a fazer sentido.

Se você também sente que está carregando tudo sozinho, talvez o próximo passo não seja trabalhar mais, mas liderar melhor. E tudo começa com confiança.

**Conclusão: crescer é saber confiar**

No início da jornada empreendedora, sentimos que tudo depende da gente. O sonho é nosso, a visão é nossa, e ninguém parece enxergar como a gente. Mas chega um momento em que a realidade exige uma nova postura. O verdadeiro crescimento não acontece controlando tudo, mas formando pessoas para caminharem com a gente.

Este texto nasceu da minha experiência na The Champs, um negócio que começou pequeno, com garra e dedicação, mas que quase me engoliu enquanto eu tentava fazer tudo sozinho. Eu era barbeiro, gestor, estoquista, financeiro, *marketing*... tudo em um. Parecia comprometimento, mas era um ciclo silencioso de desgaste.

Foi na dor — com uma mão quebrada — que fui forçado a mudar. Ali, parado, enxerguei o que estava diante de mim: um time talentoso, pronto para assumir mais, esperando apenas a minha confiança.

Confiar dói. É abrir mão do controle, correr riscos, entender que o resultado pode não sair da forma como você faria, mas ainda assim sair bom — ou até melhor.

E quando você entende isso, algo muda. Sua empresa deixa de ser um reflexo só seu e passa a ser uma construção coletiva. Deixa de depender apenas de você e se torna forte, viva, com vários braços, ideias e vozes.

Foi isso que vivi.

Hoje, olho para a The Champs e vejo mais do que uma barbearia. Vejo uma empresa que me deu liberdade, que me tirou da rotina e me colocou no papel de líder. Vejo colaboradores que se tornaram parceiros. Vejo talentos florescendo. Vejo clareza, leveza, propósito. E tudo começou com uma decisão simples, mas transformadora: delegar com confiança.

Delegar não é apenas repassar tarefas. É formar, ensinar, acompanhar, corrigir, ajustar rotas e, acima de tudo, acreditar nas pessoas. É investir tempo para desenvolver, dar direção antes de cobrar, criar um ambiente em que errar faz parte do crescimento. Porque, no fim das contas, empresas não crescem sozinhas. Pessoas crescem. Empresas são consequência disso.

Se você chegou até aqui, talvez se sinta como eu me sentia: sobrecarregado, ansioso, apagando incêndios. Talvez pense que "empreender é isso mesmo".

Mas deixe-me dizer uma coisa: não precisa ser assim. Você pode construir um time forte. Pode confiar, ensinar, abrir espaço. Quando você fizer isso com responsabilidade e visão clara, perceberá que seu papel não é fazer tudo — é fazer as pessoas crescerem. E ao fazer isso, você cresce também.

Confiança não é ausência de controle. É formar gente. É preparar o terreno e deixar florescer. É abrir espaço para que outros façam parte do sonho.

A liberdade que você sonha como empreendedor não vem quando tudo está sob seu comando. Vem quando você entende que **liderar é preparar outros para liderarem também**. E no dia em que seu negócio prosperar mesmo com você ausente, descansando ou sonhando com os próximos passos, você vai olhar para trás e dizer: "Valeu a pena confiar".

“

Delegar com confiança não é perder o controle, é multiplicar o potencial.

David Champs

# Como este capítulo pode contribuir para o seu **sucesso**?

# Diego Hora

Se locadora fosse só ter equipamento, todo mundo lucrava. A verdade é que a maioria das empresas quebra por falta de gestão. Foi enfrentando isso na prática que construí, em onze anos, uma operação simples que virou a franquia LocaAção — hoje em expansão de norte a sul do país. Formei mais de quinhentos empresários pela Escola do Locador, aplicando o que vivo diariamente no campo de batalha. Técnico em Edificações e Transações Imobiliárias, com superior em Processos Gerenciais e MBA em Gestão de Negócios e Inovação, conselheiro do Conselho Regional de Técnicos Industriais de Minas Gerais (CRT-MG) e embaixador nacional da Rental Fair, ajudo empreendedores a crescerem com lucro, clareza e processos que realmente funcionam.

diego_locaacao

+55 (19) 98318-7654

METAMORFOSE PARA O SUCESSO

# 8

# DE EMPREENDEDOR A LÍDER VISIONÁRIO

Por Diego Hora

METAMORFOSE PARA O SUCESSO

Entrei no mercado de construção e locação com a cara, a coragem... e um empréstimo de mil reais feito na Pernambucanas para pagar três meses de aluguel adiantado em 2010.

Era tudo ou nada. Comecei com pouco equipamento, nenhum sistema e uma mentalidade que eu nem sabia que precisava mudar. Eu era o gerente, comprador, financeiro, atendente, motorista e mecânico — e ainda tentava ser marido, pai e líder.

Eu era o funcionário mais mal pago da empresa que eu mesmo criei. Trabalhava como nunca, mas a sensação era de que vivia correndo atrás do prejuízo. Vivia devendo tempo para minha família, atenção para minha equipe e espaço para mim mesmo. Era como se eu estivesse dando tudo o que tinha e, mesmo assim, fosse sempre pouco. A verdade? Eu confundia esforço com evolução; controle com liderança; sobrevivência com sucesso.

Minha primeira viagem de "férias" foi parcialmente de trem, para ver a rota Vitória-Belo Horizonte. Levei dois celulares, *notebook* e uma cabeça cheia de preocupações. A cada parada, uma ligação. A cada quilômetro, uma notificação. Naquela época, minha então esposa estava ao meu lado, em silêncio. Eu estava presente de corpo, mas minha mente estava longe.

Lembro que meu maior desafio era montar a tabela de preços daquele negócio. Mergulhava por horas em planilhas, tentando desvendar o mistério da precificação em uma locadora. Empreender, naquele momento, era uma prisão invisível — construída por mim mesmo.

Eu achava que, se trabalhasse mais, tudo se resolveria. Mas quanto mais a empresa crescia, mais eu me sentia atolado. No fundo, eu não comandava um negócio — eu era o negócio. E quando a empresa depende demais do dono, ela cresce só até onde o dono aguenta. Essa foi a primeira ficha que caiu. E o primeiro passo para a virada.

A locadora faturava cada vez mais, mas eu não via esse crescimento na minha vida pessoal. Faltava tempo, energia, clareza. E tudo ainda dependia de mim.

Havia dias em que eu nem sabia o que tinha feito. Só sabia que estava exausto. Era como correr numa esteira: movimentava-me o dia inteiro, mas não saía do lugar. Por fora, tudo parecia bem. Por dentro, algo estava quebrado — e esse algo era eu.

Eu tentava esconder. Atendia sorrindo, resolvia no WhatsApp, cuidava dos problemas técnicos. Mas, por dentro, eu estava no limite. Eu estava cercado de pessoas boas, mas mal-engajadas. E como poderia ser diferente? Eu mesmo não liderava com visão; liderava com urgência, com pressa, com medo de parar. E o pior? Ninguém percebia de verdade. Nem minha equipe, nem minha família. Apesar do apoio que podiam dar, era algo que só eu conseguia sentir.

O excesso de centralização era um tipo de vaidade disfarçada de responsabilidade. Eu achava que tudo só funcionava se passasse por mim. Acontece que, quando tudo passa por você, o seu cansaço se torna o teto da empresa. E esse limite chegou. Uma microconvulsão me deu o alerta: ou eu mudava, ou quebrava.

Vieram os sinais: irritação com coisas simples, dificuldade de dormir... uma depressão me pegou. A empresa crescia por fora, mas por dentro eu murchava. Foi aí que entendi: minha empresa jamais cresceria além da minha mentalidade. E eu precisava mudar — por mim, pela minha família, pelas pessoas que dependiam do negócio.

Foi quando decidi investir em mim. Fiz mentorias, li tudo sobre estratégia e gestão, e, principalmente, aprendi sobre pessoas. Mais ainda, aprendi sobre mim. Ferramentas como o Teste DISC e o CliftonStrengths me ajudaram a enxergar minhas forças, meus pontos cegos e entender melhor os perfis que me cercavam. Foi um divisor de águas para liderar com mais consciência, respeitando o jeito de cada um — inclusive o meu.

Liderar não é ter todas as respostas. É fazer as perguntas certas e construir um ambiente onde gente boa queira crescer. Troquei controle por visão, improviso por processo. Parei de apagar incêndios e comecei a construir estrutura.

Organizei o caos: defini funções, redesenhei fluxos, criei manuais. Estruturei a empresa como se fosse sair de férias no dia seguinte. Até hoje me pergunto: se eu sair por trinta dias, está tudo pronto para funcionar? Implantei indicadores, *dashboards*, *checklists* — ferramentas que tiraram o peso dos ombros e deram clareza ao time.

Troquei "manda quem pode" por "confia quem lidera, cresce quem participa". Não foi fácil. Tive que reaprender a ouvir, confiar, corrigir com paciência. Mas valeu a pena. Criei uma cultura em que o erro não é punido — é analisado, corrigido e transformado em melhoria. Vi minha equipe crescer. Mais do que isso: vi gente se sentir dona do negócio.

Um dos maiores testes foi abrir a segunda unidade. Eu já entregava equipamentos naquela cidade, mas ter uma loja fora do meu alcance físico exigiu confiança real. Treinei, deleguei, acompanhei. Funcionou. E esse modelo se repetiu em mais duas lojas próprias.

Aquela expansão marcou o início de uma nova era: a do crescimento sem a minha presença constante.

Foi nesse contexto que nasceu o modelo de franquias da LocaAção — um projeto que vai além de alugar equipamentos. Formamos empreendedores com base em tudo que eu vivi, inclusive os erros. Hoje, vejo cada unidade como uma semente plantada com propósito. Não se trata apenas de crescer, mas de crescer certo, com base, método e visão.

A franquia virou um caminho de multiplicar o que antes era apenas sobrevivência em um galpão pequeno. Cada nova unidade da LocaAção carrega não só o meu nome, mas o meu aprendizado. A cada franqueado, reforço a convicção de que processo e cultura libertam — tanto o dono quanto a equipe.

Às vezes me perguntam: "Em que momento você se sentiu, de fato, um líder?". Não sei se houve um único momento, mas gosto de responder com orgulho: "Hoje, eu não tenho a chave de nenhuma loja". Esse símbolo simples diz tudo. O negócio ficou maior do que eu.

Outro marco foi quando comprei meu primeiro carro "dos sonhos". Era usado, mas bonito, potente, tração nas quatro rodas, importado. Ali, deixei de ser apenas o cara que resolve; vi-me, finalmente, como empresário. Por muito tempo, eu mesmo dizia que era "comerciante", quase com timidez. Comprar aquele carro foi mais do que uma conquista material — foi a permissão interna de assumir quem eu me tornei. Assumir esse novo papel não mudou só o negócio. Mudou minha vida.

Antes, minha rotina era um eterno improviso. Eu acordava no susto, dormia no cansaço e vivia no modo "resolver". Hoje, tenho agenda, tempo com minha filha, clareza nas decisões e tranquilidade para descansar.

Em um curso que fiz em 2020, ouvi do mentor que ele começava o ano ajustando sua agenda ao calendário escolar das filhas. Aquilo me impactou. Era mais do que gestão de tempo — era gestão de prioridades.

No mesmo ano, no Dia dos Pais, perdi a apresentação da minha filha na escola. Cheguei atrasado. Por sorte, ela e a turma se apresentaram de novo. Foi lindo — mas foi um alerta. Desde então, passei a proteger com seriedade os momentos que realmente importam. Hoje, minhas terças-feiras são livres. Vou à academia de manhã. Isso não é luxo, é prioridade.

Não me interessa mais ser o mais ocupado da sala. O que me interessa é ser o mais lúcido, o que decide com calma, o que respira antes de agir, o que tem clareza para enxergar além da semana. Posso parar, mas a empresa continua. Essa talvez seja a maior conquista de um líder de verdade: ter um negócio que anda sem ser um peso — e que cresce sem ser um castigo.

Ver minha equipe amadurecendo, tomando decisões, resolvendo problemas sem mim... é libertador. E é a prova de que a visão deu certo. A LocaAção deixou de ser só uma empresa. Virou uma escola de empreendedorismo aplicado, tornou-se uma rede de franquias que leva esse modelo para todo o Brasil.

Minha missão deixou de ser alugar equipamentos. Hoje, entrego clareza, processo e coragem para quem está onde eu estive: perdido no próprio sonho. Ver a equipe e os franqueados crescendo sem depender de mim é o maior sinal de que estou no caminho certo.

Quando alguém investe tempo, dinheiro e esperança em um modelo que eu criei, sinto a responsabilidade de entregar mais do que processo: entregar visão. E cada vez que vejo um resultado surgindo longe dos meus olhos, mas perto dos meus valores, eu entendo: é isso que importa. Essa é a liderança que transforma.

Se antes eu vivia apagando incêndios, hoje ajudo outras pessoas a construírem estruturas à prova de fogo. Esse impacto — que começa em mim, passa pela equipe, pelos franqueados e chega nos clientes — é o que me move.

Liderar com visão não é só sobre negócios. É sobre deixar um legado.

Se eu pudesse voltar no tempo e falar com o Diego de 2014, atolado de boletos e perdido no operacional, eu diria: "Você não precisa fazer tudo sozinho. Você não precisa ser herói. Você precisa ser líder". Não um líder que grita, mas que inspira. Não o que controla, mas que organiza e confia. Não o que carrega tudo nas costas, mas o que constrói com visão.

Talvez hoje você se sinta sobrecarregado, sem tempo, sem rumo, e esteja pensando em desistir. Mas eu digo: não falta coragem, nem falta esforço. Falta método. Falta clareza. Falta visão.

Aprendi que não se constrói uma grande empresa só com suor, mas com cultura, processos, gente boa e humildade para evoluir.

Hoje olho para trás e vejo um caminho que começou no improviso, mas que segue com estrutura, estratégia e intenção. Um caminho que me tirou da exaustão e me levou à expansão. E que começa com uma escolha: assumir, de fato, o papel de líder visionário.

E o futuro? Ainda tenho muito a construir. Estou longe de estar pronto — mas hoje caminho com clareza. Quero ajudar mais empreendedores a viverem o que eu vivo: uma empresa sólida, lucrativa, leve e que deixa uma marca verdadeira.

A cada nova unidade da LocaAção, a cada conversa com um empreendedor que decide mudar, eu vejo o que realmente vale a pena: impactar vidas com o que construí, com visão cada vez mais clara.

Está pronto para parar de sobreviver e começar a liderar com propósito? Estou aqui para caminhar com você nessa transformação.

“

O empreendedor inicia a jornada, mas o líder visionário organiza, inspira e constrói um legado — sem perder a alma no caminho.

Diego Hora

# Como este capítulo pode contribuir para o seu **sucesso**?

# Ebert Ramos

Sou Ebert Ramos, tenho 40 anos, sou casado com a linda Cristina Ramos, pai de um lindo casal, Isaac e Alice — o suficiente para me fazer um homem completo. Sou natural de Angra dos Reis/RJ, onde moro até o momento.

Há mais de vinte anos trabalho com desenvolvimento humano e com aconselhamento de pessoas de forma intuitiva; porém, há pelo menos dez anos tenho ajudado pessoas de maneira profissional com minhas formações.

Hoje, sou psicanalista clínico pela Sociedade Psicanalítica Reflexológica Nacional (SPRN), especialista em transtorno de ansiedade, mestre e concluindo doutorado pela mesma instituição. Sou hipnoterapeuta, *life coach*, analista comportamental e palestrante.

Atualmente atendo pacientes por todo Brasil e em mais de seis países, levando saúde emocional e felicidade.

mentor.ebertramos

+55 (24) 99252 7583

mentor.ebertramos

METAMORFOSE PARA O SUCESSO

# 9

# DESPERTE SUA MENTE E SALTE RUMO AO SUCESSO

Por Ebert Ramos

METAMORFOSE PARA O SUCESSO

Responda-me duas perguntas: em uma escala de zero a dez, sendo zero o mínimo e dez o máximo: quanto você deseja ter sucesso nas áreas profissional e familiar, nos relacionamentos, na saúde e outros? Quanto você deseja ser alguém relevante na sociedade?

Agora, responda-me outra pergunta: seguindo a mesma escala, quanto você está disposto a fazer o que é necessário para alcançar os resultados que você pensou anteriormente?

Em todos esses anos trabalhando com desenvolvimento humano, tratando pessoas com diversos transtornos emocionais, como ansiedade, depressão, fobias e outros, percebi que 99,9% das pessoas deseja alcançar seus objetivos e sonhos; porém, quando se trata de estar disposto a fazer o que é necessário para chegar lá, os números da estatística caem consideravelmente. E eu não digo isso por ler em publicações científicas ou blogs de fofoca; esses são dados vivenciados no dia a dia dentro do consultório.

Dores que você não acreditaria se eu contasse, de pessoas que titubeiam em resolvê-las. Porém, existe algo que chamamos de benefício secundário, que leva as pessoas a se sujeitarem a dores com medo do que elas podem perder em detrimento de seus resultados. Mas calma! Eu já vou lhe contar o porquê e como não cair nessa armadilha.

A nossa mente funciona como o comandante invisível do nosso cérebro — é como se algo muito poderoso flutuasse acima de nossa cabeça a todo momento, dando ordens do que nosso cérebro deve fazer, e, consequentemente, o cérebro delega ao corpo como se comportar.

O problema é quando essa coisa tão poderosa está desajustada ou tendo como ponto de referência o fracasso. Isso pode, sim, acontecer, influenciado por diversos fatores, incluindo a mentalidade dos seus pais com relação ao dinheiro, o meio social fracassado a que você foi exposto, um trauma que o levou a se sentir não merecedor do sucesso etc. Qual a consequência disso? Uma mente que trabalha 24 horas inconscientemente para que você nunca alcance o sucesso que tanto deseja de forma consciente.

É extremamente importante entender uma coisa: a mente sempre irá buscar provar aquilo em que ela acredita, não importa se for no âmbito amoroso, profissional ou religioso. Um exemplo: se uma jovem pensa que "homem é tudo igual", mas não tinha outra referência senão um homem que traía sua mãe, era agressivo com ela, não respeitava seus irmãos etc., pode acabar buscando inconscientemente homens com essas características para se relacionar e, então, provar sua teoria de que "homem é tudo igual".

Outro exemplo, e agora dentro do contexto deste livro: imagine um rapaz que, por várias vezes, viu sua família passando por sérias restrições financeiras, e nos momentos em que seu pai o flagrava estudando, escutava: "Menino, não adianta se matar de estudar, você não vai ficar rico. Quem nasceu pobre vai morrer pobre". Esse jovem terá uma mente que acredita que seu destino é o fracasso e, então, fará de tudo para provar sua teoria de que o sucesso não é para ele.

Eu quero que você entenda outra coisa muito importante para que haja uma metamorfose para o sucesso: a chamada **tríade do pensamento**. Neste momento, quero que você preste muita atenção, porque uma vez que você entender isso, nunca mais aceitará manter os pensamentos que não funcionam como um trampolim para o seu sucesso.

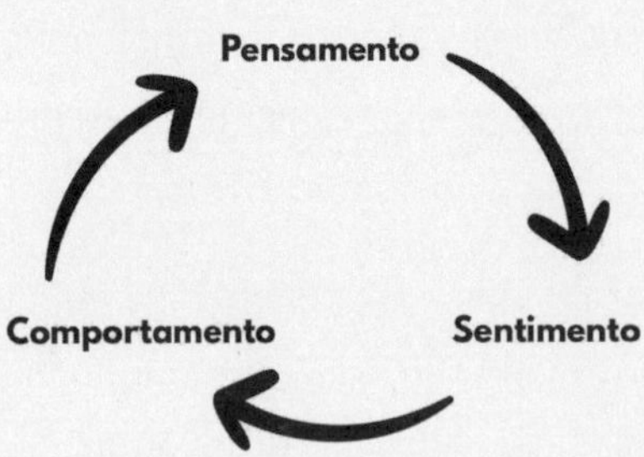


E o que é essa tal tríade do pensamento?

Essa tríade funciona da seguinte forma.

Todo PENSAMENTO gera um SENTIMENTO/EMOÇÃO, que gera um COMPORTAMENTO.

Se você guarda um pensamento, uma memória ou um registro mental ruim, esse material, quando acessado (pensado), irá provocar um sentimento, uma emoção relacionada a ele, e automaticamente levará seu corpo — ou organismo — a tomar uma atitude equivalente.

Vamos ver como isso funciona na prática. Quando você pensa: "Eu não vou conseguir essa promoção no trabalho", sua mente delega a seu cérebro que libere na corrente sanguínea hormônios como cortisol (conhecido como o hormônio do estresse) ou iniba a liberação de hormônios como a dopamina (conhecido como hormônio do prazer), levando você a se sentir triste ou fracassado. Isso faz com que seu cor-po tenha uma reação comportamental relacionada ao sentimento, como mudar a feição, curvar os ombros, ficar desatento às tarefas. Percebe como uma coisa está totalmente relacionada à outra e como o pensamento interfere no sentimento que altera o comportamento?

Da mesma forma, se você decidiu que terá sucesso na vida ou em alguma área específica, é recomendado que você busque em sua mente experiências e traumas que possam trazer bloqueios, consciente ou inconscientemente, sobre o objetivo desejado.

Lembro-me de uma paciente que chegou até mim porque não conseguia alcançar êxito no processo de emagrecimento. Ela estava muito acima de seu peso ideal e, por mais que já tivesse tentado de tudo, nunca conseguia chegar nem perto de seu objetivo — que nem era apenas estético, mas uma questão de saúde. Iniciamos nosso protocolo de atendimento e logo nas primeiras sessões conseguimos chegar à fonte causadora dessa obesidade que tanto a atormentava. Ela não acreditou, pois nem se recordava do fato que a levou a sofrer por tantos anos com o sobrepeso.

Você pode estar se perguntando: que fato tão poderoso foi esse? Em uma sessão com hipnose clínica, uma das ferramentas que faz parte do meu protocolo de atendimento há anos, chegamos a um momento forte de sua vida, que estava arquivado em seu inconsciente por conta da dor que aquela experiência provocara em sua adolescência. Ela havia sido molestada por seu cunhado (esposo de sua irmã), um homem tão admirado por todos, inclusive por ela mesma, acima de qualquer suspeita.

Mas, Ebert, o que um abuso na adolescência tem a ver com a obesidade na fase adulta? Aquela experiência traumática lhe trouxe inúmeros pensamentos, como: "Eu sou culpada por despertar desejo no esposo de minha irmã", ou que todos a julgariam se soubessem o que aconteceu naquele dia, e o mais forte e consolidado por ela: "Eu preciso me tornar indesejada aos homens para que eu não sofra uma dor tão forte quanto essa".

A partir desse momento, sua mente começou a trabalhar para provar o que ela acreditava ser a verdade. E qual foi a estratégia utilizada para manter o olhar dos homens distante dela? Estar fora do padrão de beleza estabelecido pela sociedade. Vale ressaltar que essa paciente não só era impedida de ter sucesso na área da estética, mas também não conseguia se sentir amada, desejada pelo parceiro com quem se relacionava no momento — tudo porque seu inconsciente batalhava com seu consciente, dizendo que o mais seguro era permanecer gorda, indesejada, longe dos homens que poderiam abusar daquela adolescente ferida que gritava dentro dela.

Mas a coisa mais importante aqui é entender que, a partir do momento em que identificamos a origem dos pensamentos que produzem sentimentos que levam a comportamentos limitadores, podemos tratá-los, ressignificá-los — e aqui está o pulo do gato para quem quer ter sucesso —, remodelando o cérebro por meio da neuroplasticidade.

Tudo isso que eu trouxe neste capítulo foi não somente aplicado com meus pacientes, mas vivenciado por mim em um momento da vida em que eu vivia de forma mediana, como a grande massa brasileira. Porém, após buscar autoconhecimento, conhecimento técnico e ferramentas adequadas, pude construir algo que chamamos de ponte para o futuro, e nela elaborei os desejos e projetos que seriam alcançados em minha vida a partir dali.

Foi preciso curar feridas, ressignificar traumas e liberar perdão — sim, liberar perdão nos desamarra de âncoras ruins do passado que nos impedem de navegar. Mas não basta simplesmente dizer que perdoei, dizer que minhas feridas estão curadas, não pensar mais nas questões do passado; porque, se fizer isso, você será guiado pelo seu inconsciente, achando que as rédeas de sua vida estão em suas mãos. É preciso realmente deixar a mochila pesada para trás, os fatos em seu espaço no tempo e viver o presente de forma plena e feliz.

Se precisar de ajuda, estou à distância de seus dedos. Entre em contato comigo e juntos voaremos alto.

“

Você nunca alcançará um lugar que sua mente ainda não alcançou.

Ebert Ramos

Como este capítulo pode contribuir para o seu **sucesso**?

# Elaine Ferraz Rodrigues

Sou Elaine Ferraz Rodrigues, assistente social, especialista em protagonismo feminino e mudança de mentalidade, com mais de dez anos de experiência. Venho de escola pública e da zona rural, e ao longo da minha jornada cometi muitos erros que, em diversos momentos, fizeram-me refazer a rota e aprimorar minhas escolhas. Acredito que todos nós temos a capacidade de transformar nossa trajetória empreendedora ao reconhecermos nossas habilidades e enfrentarmos os desafios com coragem. Por meio de treinamentos, palestras e *workshops*, auxilio pessoas a despertarem para seu verdadeiro potencial e conquistarem autonomia, seja em seus negócios, em suas carreiras ou em suas escolhas pessoais.


elaineferrazr

+55 (32) 98422-8418


ELAINEFERRAZR

METAMORFOSE PARA O SUCESSO

# 10

# APRENDENDO COM OS ERROS E RECOMEÇANDO

Por Elaine Ferraz Rodrigues

## Transformando quedas em pontes para a nossa melhor versão

Errar. Quem nunca? Talvez não haja experiência mais humana do que essa. Mas o curioso é que, mesmo sendo tão comum, ainda carregamos o erro com vergonha, culpa, medo. Esquecemos que o erro não é o fim da estrada — é o convite para reavaliar o plano de negócios.

Em um mundo que cobra perfeição, a ideia de falhar nos assusta. Mas é exatamente no momento em que tudo parece dar errado que nasce a oportunidade de algo novo: um recomeço mais consciente, mais maduro, mais alinhado com quem realmente somos.

Errar faz parte da trajetória empreendedora. De quem tenta, de quem sonha, de quem se arrisca. O importante não é evitar os erros, é aprender a escutar o que eles têm a nos ensinar.

## A dor que desperta

Desde cedo, entendi que reformular estratégias seria uma constante. Cresci em um ambiente com poucas oportunidades, no qual as pessoas ao meu redor, muitas vezes, desistiam de seus sonhos por acreditarem que não eram capazes. Vi trajetórias empreendedoras paradas pelo medo de tentar de novo, pelo receio de errar mais uma vez.

Mas, dentro de mim, havia uma inquietação. Uma certeza suave de que era possível ir além; que o erro não era sinal de fracasso — era sinal de que eu estava me moven-do. Aprendi a cair e levantar, tropeçar e ajustar. Cada passo em falso me dava mais clareza sobre o que não fazer, e cada recomeço me aproximava da minha essência.

## O erro que transforma

Todos temos uma história que nos marcou. A minha veio por meio de alguém muito próximo. Uma pessoa cheia de potencial, mas que insistia em ignorar conselhos, orientações, avisos. Por orgulho, por pressa, por achar que sabia tudo. Até que, em um momento de impulso, fez uma escolha precipitada. E perdeu tudo.

Só então, no fundo do poço, percebeu que algo precisava mudar. Aquela dor se tornou um ponto de virada, e me ensinou algo que carrego comigo até hoje: às vezes, é preciso doer para despertar.

O erro é esse espelho que nos obriga a encarar verdades que preferíamos evitar. Ele não vem para nos punir. Vem para nos ensinar.

Você não precisa acertar sempre. Só precisa continuar tentando.

É natural se sentir frustrado. É normal querer desistir. Mas o que vai definir sua história não é o tamanho do erro que o empreendedor cometeu, e sim o que o empreendedor vai fazer a partir dele.

Pare e pense: o que essa experiência tem para ensinar? O que o empreendedor ainda não estava enxergando? Que parte do empreendedor precisa amadurecer nessa jornada? Você não falhou. Você está em jornada empreendedora. E jornada empreendedora exige paciência, humildade e coragem.

**Reflexões para os momentos de dor**

"Toda queda traz consigo uma pergunta: o que posso fazer diferente agora?"

"Errar me aproximou da minha humanidade. Recomeçar me aproximou da minha verdade."

"Quando tudo desmorona, nasce a oportunidade de construir com mais consciência."

"A dor é uma bússola. Ela aponta para o que precisa ser curado, não escondido."

**Práticas para reformular estratégias com sabedoria**

Aceite a realidade sem negar o que doeu. Fingir que não aconteceu não apaga o erro, só adia o aprendizado. Permita-se sentir — a tristeza, a frustração, a culpa. E, depois, escolha seguir.

Converse com quem entende. Uma boa escuta pode ser mais curativa do que mil conselhos.

Escreva. Coloque no papel seus pensamentos, sentimentos e aprendizados. A escrita transforma confusão em clareza.

Comece de novo, com mais leveza. Você não precisa voltar ao ponto de partida. Pode seguir com tudo o que já aprendeu.

Celebre as pequenas vitórias. Todo passo é um avanço. Todo avanço, uma vitória.

**A metamorfose da visão de negócio**

Errar é humano. Recomeçar é escolha. Crescer é consequência.

Você não é definido pelas falhas que cometeu. Você é moldado pelas lições que tirou delas. E quanto mais o empreendedor se permite reformular estratégias, mais próximo chega da sua melhor versão.

Acredite: há força na vulnerabilidade. Há sabedoria na dor. E há um novo ciclo esperando por você — mais alinhado com quem o empreendedor é de verdade. Se hoje você sente que falhou, saiba: o empreendedor está exatamente no ponto em que a mudança empreendedora começa.

Recomece com o que você tem, com o que sabe, com o que sente. Porque, às vezes, tudo do que o empreendedor precisa para mudar sua trajetória empreendedora é a coragem para tentar mais uma vez.

## Quando tudo parece desmoronar

Existem momentos em que sentimos que tudo à nossa volta está ruindo. As certezas desaparecem, os sonhos se tornam distantes e a fé em nós mesmos vacila. É como se o chão sumisse, e a vontade é de desistir, de parar tudo, de se esconder do mundo e de nós mesmos.

Mas deixe-me contar uma coisa: esses momentos são preciosos. Eles são um chamado silencioso para um redirecionamento de propósito. É o universo, a trajetória empreendedora — ou sua visão de negócio — dizendo: algo precisa nascer no empreendedor.

Às vezes, é preciso quebrar para que se possa reconstruir com mais verdade, porque há coisas que só aprendemos na dor. Há forças que só descobrimos quando tudo desaba. E há versões suas que só emergem quando o empreendedor se permite reformular estratégias.

O fundo do poço também é chão. E é a partir dele que muita gente reencontra direção, coragem e um novo propósito.

## Você não está só

Muitas pessoas estão vivendo recomeços silenciosos: reavaliando sua trajetória empreendedora, suas escolhas, suas relações. Questionando tudo. Dando passos incertos, mas com o coração cheio de esperança. Talvez o empreendedor seja uma delas. E está tudo bem.

Recomeçar é, muitas vezes, solitário, mas não precisa ser. Quando compartilhamos nossas dores e aprendizados, abrimos espaço para a cura — nossa e dos outros. Por isso, se você tem uma história, conte-a. Se aprendeu algo com seus erros, compartilhe. Se encontrou um novo sentido, inspire.

Lembre-se: o empreendedor não precisa ser perfeito para ser um exemplo. Você só precisa ser verdadeiro.

## A mágica dos pequenos recomeços

A gente costuma esperar por grandes viradas. Uma oportunidade única, um novo emprego, uma grande conquista. Mas os verdadeiros recomeços geralmente não vêm com fogos de artifício. Eles chegam quietos, simples, discretos.

É quando o empreendedor decide se levantar da cama mesmo sem vontade. É quando escolhe respirar fundo em vez de perder o controle. É quando escreve uma nova meta. Ou perdoa alguém. Ou se perdoa. É quando, no meio do caos, o empreendedor diz a si mesmo: "Eu ainda acredito em mim".

Essa é a mágica dos pequenos recomeços. Eles constroem uma nova trajetória empreendedora, passo a passo, dia após dia.

O extraordinário se esconde no ordinário de quem insiste em tentar.

## Aprendizados que vêm com a dor

Toda dor traz em si um convite: para olhar com mais profundidade; para revisar posturas, crenças e escolhas; para curar feridas que talvez o empreendedor nem saiba que existam.

Talvez você precise aprender a se amar mais. Talvez precise soltar o controle. Ou parar de se cobrar tanto. Talvez precise aprender a pedir ajuda. Ou a dizer "não" sem culpa. Ou simplesmente a aceitar que tudo tem seu tempo.

A dor não vem para nos destruir. Ela vem para abrir os nossos olhos e expandir o nosso coração.

Você está crescendo, e evoluir como líder dói. Mas, depois da dor, sempre vem a clareza, a leveza, o renascimento.

Não tenha pressa. O mundo grita velocidade, mas a visão de negócio pede tempo. Recomeçar com sabedoria é respeitar o seu ritmo. É não se comparar com o outro. É compreender que cada pessoa tem seu próprio tempo de cura, de crescimento, de florescimento.

Às vezes, a semente demora para brotar — mas ela está lá, germinando em silêncio, acreditando em si, confiando na luz que ainda vai chegar. Você não está atrasado. Você está exatamente onde precisa estar para aprender o que precisa aprender.

O tempo do coração não segue o relógio da pressa. Ele segue o compasso da cura.

## Frases para seguir em frente

"Nem todo recomeço é visível. Alguns acontecem dentro, em silêncio, no escuro da visão de negócio."

"A trajetória empreendedora não espera o empreendedor estar pronto. Ela o forma enquanto você caminha."

"O que parece o fim pode ser só o início de algo que o empreendedor ainda não entende."

## Conclusão

No mundo do empreendedorismo, os erros não são apenas esperados — eles são necessários. Cada tropeço, cada tentativa frustrada, cada recomeço silencioso constrói a musculatura emocional de um verdadeiro líder. Não existe liderança extraordinária sem a vivência profunda das falhas e das reinvenções.

O empreendedor que aprende com seus erros se torna mais empático, mais estratégico e mais resiliente. Recomeçar não é sinal de fraqueza, é a marca dos visionários. Porque os líderes que transformam o mundo são justamente aqueles que, em meio à dor e à dúvida, escolhem seguir em frente com coragem. Essa é a verdadeira metamorfose para o sucesso.

“Os erros nos ensinam, mas é a coragem de recomeçar que nos transforma.

Elaine Ferraz Rodrigues

Como este capítulo pode contribuir para o seu **sucesso**?

# Fabio Silva

Sou Fabio Silva, casado com Josi, pai de Bruna e Thaís; cristão, maratonista amador, administrador de empresas, MBA em Finanças e *Banking*. Atuei por 22 anos como gestor na Caixa Econômica Federal e também como professor universitário e instrutor corporativo. Em 2023, deixei a carreira CLT para empreender, fundando a Jaqueira Padaria e Confeitaria Ltda, um negócio em crescimento que me ensina diariamente sobre liderança e gestão.

Atualmente, além de empresário, sou palestrante, professor, consultor, escritor e mentor. Ajudo empreendedores a estruturar negócios sólidos e escaláveis, e também profissionais CLT a abrirem seus próprios negócios com segurança.

Acredito que o sucesso é resultado da combinação entre disciplina, estratégia e aprendizado contínuo. Este capítulo é um reflexo dessa jornada.

fabio.silva.professor

+55 (12) 99606-2929

fabiosilvaprofessor

fabio.silva.professor

METAMORFOSE PARA O SUCESSO

# 11

# FOCO: ESCOLHA O QUE REALMENTE IMPORTA

Por Fabio Silva

Vivemos na era da informação, em que a atenção é um dos bens mais preciosos e disputados. A cada instante, somos bombardeados por mensagens, *e-mails*, *posts* em redes sociais, reuniões e inúmeras demandas que competem pela nossa energia mental. Esse excesso de estímulos gera um grande paradoxo: temos mais oportunidades e ferramentas do que nunca, mas, ao mesmo tempo, enfrentamos uma crescente dificuldade em manter o foco e concluir o que realmente importa.

O verdadeiro desafio do empreendedor moderno não é encontrar mais horas no dia, mas aprender a priorizar ações e ser eficiente na utilização do tempo. A falta de foco não apenas compromete a produtividade, mas também gera frustração, ansiedade e a sensação de que estamos sempre ocupados, mas sem avançar de fato naquilo que realmente importa. Líderes extraordinários não são aqueles que fazem tudo, mas aqueles que fazem as escolhas certas. Saber em que investir o tempo e a energia é o diferencial que separa os empreendedores comuns dos grandes líderes.

Neste capítulo, vamos explorar a importância do foco, compreender como ele influencia nossas decisões, e aprender estratégias práticas para desenvolvê-lo como uma habilidade essencial. Afinal, um líder sem foco é como um navegador sem bússola: pode até estar em movimento, mas não necessariamente na direção certa.

## A ciência do foco e o impacto no sucesso

Nosso cérebro não foi projetado para lidar com múltiplas tarefas ao mesmo tempo. A ideia de que podemos ser multitarefa é um mito fortemente difundido em nossos dias. Estudos da Neurociência mostram que, ao tentar realizar várias atividades simultaneamente, o cérebro alterna rapidamente entre uma tarefa e outra, resultando em perda de eficiência, aumento de erros e maior exaustão mental.

Daniel Goleman (2014), no livro *Foco: o motor oculto da excelência*, argumenta que a atenção é um músculo que pode ser fortalecido com prática constante. Ele divide o foco em três níveis essenciais para o sucesso: foco interno (autoconsciência e disciplina), foco nos outros (habilidade de liderança e empatia) e foco externo (visão estratégica e capacidade de adaptação). Líderes que dominam esses três tipos de foco se destacam por tomar decisões mais eficazes e impulsionar suas equipes rumo ao crescimento.

Além disso, a dopamina — neurotransmissor associado ao prazer e à busca por novidades — nos impulsiona a alternar constantemente entre estímulos.

É por isso que sentimos a necessidade de checar redes sociais, *e-mails* e notificações o tempo todo. Esse comportamento fragmenta nossa atenção e reduz nossa capacidade de concluir tarefas importantes.

A falta de foco não é apenas um problema de produtividade; ela afeta diretamente nossa capacidade de tomar decisões estratégicas, liderar equipes e alcançar resultados consistentes. Grandes líderes compreendem que foco não é apenas evitar distrações, mas também aprender a dizer "não" para aquilo que não contribui com seus objetivos a longo prazo.

## O poder da simplicidade: lições de *A única coisa*

Gary Keller e Jay Papasan (2014), no livro *A única coisa*, propõem uma pergun-ta poderosa para quem deseja alcançar alta performance: "Qual é a única coisa que posso fazer, tal que, ao fazê-la, todo o resto se torne mais fácil ou desnecessário?". Essa abordagem sugere que, ao identificarmos nossa prioridade absoluta, conseguimos eliminar a dispersão e concentrar energia naquilo que gera maior impacto.

Empreendedores que aplicam essa mentalidade estruturam suas agendas com base no que realmente importa. Em vez de se perderem em tarefas triviais, direcionam seu tempo para atividades que geram resultado efetivo e crescimento sustentável.

## Estudos de caso: o foco na prática

### Caso 1: Steve Jobs e a redução drástica de produtos

Steve Jobs, ao retornar para a Apple em 1997, encontrou uma empresa com dezenas de produtos sem diferenciação clara. Ele tomou uma decisão radical: cortou 70% do portfólio da Apple e concentrou os esforços em poucos produtos inovadores (Isaacson, 2011). Essa estratégia permitiu que a empresa direcionasse toda sua atenção para criar dispositivos icônicos, como o iMac, iPod, iPhone e iPad. Esse é um exemplo claro de como eliminar distrações e focar no essencial pode levar ao sucesso.

### Caso 2: Warren Buffett e a regra das cinco prioridades

Atribui-se a Warren Buffett, um dos maiores investidores do mundo, a prática de aconselhar seus funcionários e parceiros a escreverem uma lista com 25 metas. Depois, ele pediria que escolhessem as cinco mais importantes e riscassem as outras vinte. A lição aqui é clara: sucesso não vem de fazer muitas coisas ao mesmo tempo, mas de priorizar as poucas que realmente importam.

## Os maiores inimigos do foco

Para desenvolver um foco sólido e consistente, precisamos primeiro identificar os principais vilões que minam nossa atenção e nos impedem de ter um desempenho de alto nível. Vamos analisar os mais comuns:

- **Sobrecarga de informação:** estamos expostos a um volume de dados nunca antes visto. Essa abundância pode ser positiva quando bem gerenciada, mas, sem critérios claros, gera paralisia por análise. Consumimos conteúdos incessantemente, mas sem tempo para processar e aplicar o conhecimento adquirido. Um exemplo disso é a sensação de que nada se produziu de importante ao final de um exaustivo dia de trabalho.
- **Procrastinação e falta de clareza**: muitas vezes, adiamos tarefas importantes porque não temos clareza sobre os próximos passos. A procrastinação geralmente está associada à falta de definição de prioridades ou ao medo de falhar. Quando afetado pela procrastinação, o indivíduo sente-se culpado e improdutivo por "empurrar com a barriga" decisões e ações importantes para seu desempenho.
- **A ilusão da multitarefa**: executar múltiplas atividades ao mesmo tempo cria a ilusão de produtividade, mas, na prática, reduz drasticamente a eficiência e aumenta o número de erros. Atribui-se aos computadores a suposta capacidade de agir em modo multitarefa, mas nem essas superpoderosas máquinas o fazem; antes, têm a capacidade de fazer uma tarefa de cada vez, só que em velocidades cada vez maiores. Tentar fazer com que o ser humano aja de forma múltipla seria pura ilusão.

## Estratégias para desenvolver um foco inabalável

Agora que compreendemos os inimigos do foco, é hora de adotar práticas que nos ajudem a construir uma mentalidade e um ambiente que favoreçam a concentração e a alta performance. Aqui estão algumas estratégias fundamentais:

- **Defina metas claras e objetivas**: ter um norte bem definido é essencial para manter o foco. Existem muitas formas de definir metas e objetivos, mas acredito muito na estratégia de colocá-los no papel. Escrever, seja em um caderno ou bloco, ou então usar formatos eletrônicos como celular ou computador, materializa as ideias e ajuda o cérebro a incorporá-las como realidade, facilitando a execução das ações necessárias para tornar as metas e objetivos em entregas efetivas.

- **Elimine distrações**: crie um ambiente favorável ao foco. A forma como pensamos reflete e é muito afetada pelo ambiente físico em que vivemos: desde a arrumação dos papéis sobre a mesa até organização dos ícones na área de trabalho do computador, a disposição dos móveis e roupas, ou até a louça por lavar sobre a pia. Tanto interna quanto externamente, a organização nos ajuda a focar o que realmente queremos e precisamos para ter um melhor desempenho.
- **Pratique a regra dos 90 minutos**: nosso cérebro é mais produtivo quando trabalha em ciclos de 90 a 120 minutos de foco intenso, seguidos por pausas intencionais de 15 a 20 minutos. Essa dinâmica, estudada pelo psicólogo Nathaniel Kleitman (1963), respeita o ritmo natural do cérebro e ajuda a manter a concentração ao longo do dia.
- **Aplique o Princípio de Pareto (80/20)**: o Princípio de Pareto ensina que 80% dos resultados vêm de 20% dos esforços (Koch, 2005). Esse princípio aplica-se a diversos contextos, e pode ser usado para melhorar nossa eficiência no trabalho, nas relações, na saúde, entre outros. A ideia é identificar quais são os 20% das ações mais importantes que precisamos executar, como planejamento, ligações importantes, contatos estratégicos, leitura relevante, entre tantos exemplos, com o objetivo de colher maiores e melhores resultados.
- **Diga "não" com mais frequência**: cada vez que dizemos "sim" a algo irrelevante, estamos dizendo "não" a algo importante. Parece cada vez mais clara a importância de dizer "não" às numerosas demandas que surgem alucinadamente em nossos dias. Ter clareza do que é, de fato, importante nos ajudará a dar a atenção devida às questões que fazem o "ponteiro do resultado" mexer. Aprender a dizer "não" àquilo que não é relevante para o momento, sem a necessidade de explicar sempre o "por que não", é libertador e produtivo.
- **Crie rotinas e rituais de produtividade**: ter rituais diários ajuda a fortalecer o foco. Ter listas diárias, semanais, mensais e anuais, e interagir efetivamente com elas, empodera-nos para cumprir, de fato, o que planejamos executar. Cada vez que ticamos uma atividade planejada, temos a sensação de dever cumprido, que nos impulsiona a cumprir o próximo item, e assim sucessivamente. Organizar a agenda, começando por autocuidado, saúde, mente e emoções, nos capacita a fazer o que deve ser feito, e quanto mais agimos numa rotina saudável e produtiva, mas fácil fica para nosso cérebro

executar novamente tais ações, ao ponto de rotinas antes difíceis tornarem-se gradativamente mais fáceis e exequíveis.

O sucesso não vem de fazer mais, mas de fazer melhor. Empreendedores e líderes extraordinários não se sobrecarregam tentando abraçar o mundo, mas escolhem com sabedoria em que investir sua atenção, tempo e energia. Foco é uma habilidade treinável e pode ser aprimorada com disciplina e estratégia.

A partir de hoje, comprometa-se a eliminar distrações, definir prioridades com clareza e aplicar as estratégias compartilhadas neste capítulo. Sua capacidade de manter o foco pode ser o grande diferencial que levará sua liderança e seu negócio a um novo nível.

**BIBLIOGRAFIA**

GOLEMAN, D. *Foco*: o motor oculto da excelência. Rio de Janeiro: Objetiva, 2014.

ISAACSON, W. *Steve Jobs*. São Paulo: Companhia das Letras, 2011.

KELLER, G.; PAPASAN, J. *A única coisa*: o foco pode trazer resultados extraordinários para sua vida. Rio de Janeiro: Sextante, 2014.

KLEITMAN, N. *Sleep and Wakefulness*. Chicago: University of Chicago Press, 1963.

KOCH, R. *O Princípio 80/20*: os segredos para conseguir mais com menos. Rio de Janeiro: Elsevier, 2005.

“

Foco envolve eliminar distrações, definir prioridades e agir com estratégia.

Fabio Silva

# Como este capítulo pode contribuir para o seu **sucesso**?

# Gislaine Màtta

Sou Gislaine, mineira e tenho 36 anos. Formada em Arquitetura há dez anos, em São José do Rio Preto/SP, e pós-graduada em *Design* de Interiores. Há oito anos, atuo com foco em projetos de interiores, transformando ambientes residenciais e comerciais — e, com eles, criando conexões com muitas pessoas ao longo do caminho.

Mas nem sempre foi assim.

Em celebração aos meus dez anos de formação, decidi compartilhar também a transformação interna que vivi. Esta obra foi um dos caminhos que surgiram para dividir essa história com mais pessoas.

Passei por desafios para conquistar a confiança nesse mercado tão exigente — especialmente sendo mulher, tímida, com Transtorno do Déficit de Atenção com Hiperatividade (TDAH) e aparência mais jovem do que a idade que tinha. Por isso, desenvolver minha comunicação foi a chave principal para transmitir segurança, melhorar meu posicionamento e fechar contratos com confiança.

gislainematta

+55 (34) 99999-7077

gislaine@gislainedamata.com

gislainematta

METAMORFOSE PARA O SUCESSO

# 12

# RESILIÊNCIA: SUPERANDO OBSTÁCULOS NA COMUNICAÇÃO

Por Gislaine Màtta

## Introdução

Nesta breve leitura, compartilho as vivências e descobertas que me levaram a transformações na minha comunicação. Foram pequenos passos em busca de desenvolvimento pessoal, sem manual de instruções, apenas vivendo com coragem as oportunidades que surgiam e, assim, resultaram em mudanças positivas.

Se você também deseja transformar sua comunicação e se posicionar melhor, pode encurtar esse caminho com as dicas que compartilho aqui, verdadeiras viradas de chave na minha vida.

## Linha do tempo

Eu era uma criança simpática, mas muito tímida. Falar em público? Apresentações em sala de aula? Sempre foram assustadoras! A comunicação não era o meu ponto forte, eu travava completamente. Em grupos com outras crianças, sentia certa rejeição e uma constante sensação de inadequação. As conversas quase nunca fluíam, e as amizades logo se afastavam.

Isso me fazia sentir deslocada, diferente... Era como se as pessoas se aproximassem com uma expectativa, mas encontrassem algo que não esperavam em mim. Sem contar as piadinhas e brincadeiras que só reforçavam esse sentimento e isolamento social.

Lembro-me de passar muitos recreios sozinha, de não ser incluída em grupos de trabalho ou esportes (mas, cá entre nós, com essa última parte eu não me importava tanto, porque eu era realmente ruim jogando bola). Muitas vezes, eram as professoras, sempre muito amáveis, que me acolhiam.

Foram anos sem entender por que aquilo acontecia e por que eu me sentia daquele jeito. Um amontoado de frustrações e bloqueios. Apesar disso, tive poucos, mas bons amigos, e sou imensamente grata por cada um deles.

Mesmo com toda a timidez e a dificuldade de interagir, tudo que envolvia arte me encantava. Eu adorava me fantasiar, participar de desfiles e danças da escola e da cidade. Se não precisasse abrir a boca para falar, estava tudo bem, vai entender, né?

Em casa, pegava a câmera dos meus pais e gravava vídeos imitando a Eliana — sim, a do *Bom Dia & Cia.* Acho que posso dizer que esse era um talento escondido ou, quem sabe, uma habilidade oculta. A criatividade era o meu refúgio, talvez meu jeito de me expressar sem precisar das palavras.

Por volta dos 14 anos, entrei para o Interact, um grupo de jovens apoiado pelo Rotary, voltado a ações comunitárias e desenvolvimento de liderança e comunicação. Esse foi um ponto-chave. Lá, senti-me realmente incluída e aceita sendo quem eu era, algo raro até então. Foi quando minha habilidade de comunicação começou a florescer. Ainda era bem calada, mas já havia uma mudança. É uma fase pela qual agradeço muito.

Mais tarde, na faculdade, em 2009, recebi o diagnóstico de Transtorno do Déficit de Atenção com Hiperatividade (TDAH) feito por uma neuropsicóloga. A partir daí, muitas coisas começaram a fazer sentido: meu comportamento, minhas dificuldades de comunicação, minhas memórias da infância e adolescência. Foi quando descobri, na prática, a importância do **autoconhecimento** para o **desenvolvimento pessoal**.

Ao me formar, novos desafios surgiram. E se eu quisesse crescer e conquistar meu espaço, precisaria mudar meu posicionamento. Mas antes de conseguir me posicionar com segurança, precisei trilhar um caminho de descobertas, enfrentamentos e muitos aprendizados.

É justamente essa jornada de transformação pessoal e profissional que quero compartilhar com você a seguir.

## Marcos transformadores para uma melhor comunicação

### O poder do "não"

Todos queremos pertencer — é algo humano. Mas aprendi que agradar a todos, dizendo "sim" o tempo todo, não me tornava generosa, e sim me fazia parecer boba. O ponto de virada foi entender que dizer "não" com respeito é, na verdade, um "sim" ao meu valor. O "não" do bem vale para a vida pessoal e profissional.

### Comunicação sem posicionamento é ruído

Descobri que ter uma boa comunicação não significa apenas falar bem, é preciso ter posicionamento. Antes, minha fala era doce, quase infantilizada, sempre buscando agradar. Com o tempo, percebi que firmeza e clareza são pilares para ser levada a sério.

### A arte de ser interessada e interessante

Uma técnica simples mudou minha forma de interagir: ouvir de verdade e fazer perguntas certas nos momentos certos. Quando demonstramos interesse genuíno pela história do outro, criamos conexões reais. E, muitas vezes, ser uma boa companhia é mais sobre ouvir do que sobre falar.

Aprendi a escutar não só o que os clientes dizem, mas o que eles não sabem expressar. Ser uma boa ouvinte foi essencial para entender o que eles realmente querem. E esse olhar atento me fez aprovar projetos de primeira, apenas por captar detalhes nas entrelinhas. Por falar em olhar, para passar confiança e segurança em uma conversa, nunca deixe de manter o contato olho no olho.

O desconforto que gera crescimento

Colocar-me em novos ambientes foi essencial. Participar de cursos e feiras fora da cidade sozinha, por exemplo, proporcionou-me novas amizades, oportunidades e autoconhecimento. Cada novo ambiente é um campo de treinamento.

Auto-observação e terapia: o caminho da transformação

A terapia cognitivo-comportamental me ajudou a entender como traumas e bloqueios antigos impactavam minha forma de me expressar. Pensava: será, então, que devo criar um personagem para me comunicar melhor? Mas entendi que não, na verdade era o contrário. Por conta dos traumas, eu já estava em um personagem há muito tempo; havia criado camadas de proteção, e o trabalho da terapia foi justamente tirar essas camadas para me reconectar com quem eu realmente sou. O que você conhece, você domina. E o que domina, você comunica. Isso também se aplica ao TDAH, porque comunicação vai muito além da dicção.

Alguns sintomas do TDAH que interferem na comunicação são: impulsividade e interrupções de conversas por ter dificuldade em aguardar sua vez; ou dificuldade em manter a atenção e o foco em conversas longas, levando à distração e, assim, perdendo partes do assunto e prejudicando a fluidez do diálogo.

Aos poucos, fui percebendo que comunicação não é só sobre falar bem, mas sobre se conhecer, se respeitar e encontrar a sua própria voz. Foi aí que a verdadeira transformação começou a acontecer, de dentro para fora.

A terapia é essencial nesse caminho, pois depois que você descobre o que tem, passa pelo processo de aceitação. Logo em seguida vem a tomada de consciência. E **tendo consciência você busca conhecimento**. Com o conhecimento você aprende a lidar com as situações e controla melhor seu próprio comportamento.

Comunicação não verbal: o corpo também fala

Passei a prestar atenção aos sinais que meu corpo envia: gestos e postura. Especialmente como mulher, percebi que certos hábitos podem ser mal interpretados. Comunicação não verbal muitas vezes fala mais alto do que as palavras.

Uma dica é começar a se filmar para observar trejeitos e vícios de linguagem. Ver a si mesma "de fora" é revelador. Essa prática me ajudou a corrigir expressões, pausas desnecessárias e até atitudes que podiam transmitir insegurança ou parecer desconectadas do contexto.

Imagem, vestimenta e espaços: tudo se comunica

Na arquitetura, o ambiente comunica. E percebi que nós também comunicamos coisas por meio da imagem. As cores e o estilo das nossas roupas dizem algo antes mesmo de abrirmos a boca. Por isso, pensar estrategicamente sobre a imagem que queremos transmitir faz parte da comunicação eficaz.

Silêncio e vícios de linguagem

Ficar em silêncio no momento certo é mais poderoso do que preencher com vícios de linguagem como "ééé", "né" ou "tipo". O silêncio traz presença, clareza e firmeza. Respirar e pausar com consciência melhora a entrega da mensagem e gera mais conexão.

Modelagem e inspiração

Comecei a observar pessoas comunicativas que admiro e entender como elas conduzem conversas, criam conexões e usam histórias para envolver. Não é copiar, é se inspirar para desenvolver seu próprio estilo comunicativo, com autenticidade e propósito.

Voz da cabeça x voz do peito

Essa virada foi essencial. A voz da cabeça, meiga e hesitante, não passa autoridade. Já a voz do peito transmite confiança e segurança. A voz do peito é firme. No mundo dos negócios, essa diferença muda tudo.

Lembre-se: falar firme não é falar alto. É sentir a voz vindo do peito, com presença e direção.

Coerência entre emoção e expressão

Tom de voz, expressão facial, gestos e emoção precisam estar alinhados. Falar com entusiasmo requer um corpo que também demonstre isso. Quando há coerência, as pessoas se conectam, prestam atenção e se emocionam junto com você.

A timidez não vai embora, mas você aprende a dançar com ela

A timidez continua aqui, mas agora sei driblá-la. Com prática, aprendi a contorná-la e, assim, vieram os elogios: "Nossa, como você é comunicativa!".

E cada vez que isso acontece, lembro o quanto valeu a pena enfrentar meus medos e me esforçar para lutar contra os desconfortos.

**Da insegurança até a comunicação autêntica**

Esses foram meus marcos transformadores. Ainda tenho muito o que aprender, mas, para mim, a transformação que vivi até aqui já foi uma evolução enorme. Talvez você esteja no início desse caminho, e está tudo bem. A comunicação é uma jornada, não um destino final. No trajeto, você descobrirá a força que sempre teve, só estava guardada, escondida dentro de você.

Não espere estar pronta para entrar em ação, você nunca estará! Lembre-se: você não precisa ser perfeita. Precisa apenas ser você mesma, com coragem.

Pegue estas dicas e aplique-as hoje mesmo.

- Acompanhe no YouTube explicadores, psicólogos, neurologistas, empreendedores, comediantes e filósofos.
- Filme-se pelo celular (sem ser em formato *selfie*) e assista com um olhar mais crítico; faça o exercício da gratidão, seja grato por cada erro e acerto.
- Viaje e frequente feiras sozinho, pois onde há pessoas, há oportunidades.
- Vibre e celebre com você mesmo cada pequena conquista do seu dia.
- Tenha bom humor, porque rir de si mesmo também é libertador.
- Estude sobre comportamento e desenvolvimento pessoal.
- Faça silêncio e escreva sem filtro o que vier à mente.
- Estude sobre a psicologia das cores.
- Leia para ter repertório.
- Faça curso de oratória.
- Fale com estranhos.
- Use a voz do peito.
- Faça terapia.
- Sempre se coloque como aprendiz.

Transformar-se dói, mas enfrente os obstáculos e permita-se voar para novos lugares.

"

A gratidão gera transformação, e sua superação é o seu propósito de vida.

Gislaine Màtta

Como este capítulo pode contribuir para o seu **sucesso**?

# Glauber Fernandez

Sou Glauber Fernandez, nascido em 1986, resido em Jundiaí/SP com minha esposa, Bruna, com quem sou casado há 10 anos.

Ingressei na faculdade de Direito aos 17 anos, dando início à minha trajetória acadêmica.

Em 2010, transitei para o mercado imobiliário, no qual rapidamente me destaquei em funções como coordenador, gerente comercial, avaliador e perito judicial, liderando equipes de até quarenta corretores.

Em 2017, após um MBA em Gestão Empresarial, fundei a Burger Holic, uma hamburgueria que se destacou pela qualidade.

Retornei ao mercado imobiliário em 2021 como sócio-fundador da Catedral Brokers.

Com ampla experiência em gestão e vendas, tenho uma sólida formação, que inclui diversos cursos e treinamentos que reforçam minha *expertise* no setor.

glauberginao

# 13

# *NETWORKING*: RELACIONAMENTOS QUE ABREM PORTAS

Por Glauber Fernandez

### *Networking*: a arte de se conectar para crescer

*Networking* — termo importado do inglês que entrelaça as palavras "*net*" (rede) e "*working*" (trabalhando) — traduz-se, na prática, como o cultivo intencional de uma "teia" de relacionamentos. Mais do que uma simples lista de contatos, o *networking* representa a **dinâmica de construir e manter laços autênticos e estratégicos**, com o propósito fundamental de promover uma rica troca de saberes, vivências e informações. Essa rede vibrante se torna um terreno fértil para o florescimento de parcerias valiosas, capazes de abrir portas para oportunidades antes inimagináveis e, de maneira indelével, enriquecer tanto a esfera pessoal quanto a profissional.

Distante da mera acumulação de cartões de visita ou da compulsiva adição de perfis em plataformas digitais, o *networking* se revela como uma sinfonia complexa que harmoniza a construção de relacionamentos verdadeiros com uma estratégia perspicaz, delineando com clareza os horizontes que se almeja alcançar e os valores singulares que se tem a oferecer nessa troca.

Um *networking* de excelência não brota da noite para o dia; ele é pacientemente edificado a longo prazo, sustentado por um esforço constante, permeado de respeito mútuo e impulsionado pela busca incessante por conexões que transcendam o efêmero. Ao priorizar a profundidade do relacionamento em detrimento da transação imediata, os resultados positivos emergem de forma orgânica e sustentável.

Você já parou para ponderar sobre a quantidade de oportunidades singulares que podem estar escorrendo pelos seus dedos simplesmente pela ausência de um investimento consciente em relacionamentos? Por que certas pessoas parecem navegar por um mar de portas abertas, enquanto outras labutam incessantemente para encontrar uma brecha? Confesso que essa também foi uma encruzilhada em minha jornada. Por um tempo, nutri a ilusão de que o sucesso seria fruto exclusivo do meu esforço individual. Levei tempo para desmistificar essa crença, mas a verdade inegável é que **ninguém ascende ao topo isoladamente**. Descobri, de maneira prática e transformadora, que o *networking* se configura como uma ferramenta de poder inestimável para qualquer indivíduo que almeje o sucesso em sua plenitude.

### A falácia do isolamento

Paradoxalmente, em plena era da hiperconectividade digital, em que as informações correm muito rápido e as redes sociais nos mostram inúmeras interações simultâneas, muitos se sentem aprisionados em uma sensação pungente de isolamento. Acreditamos, erroneamente, que *networking* é só para quem é muito extrovertido ou para vendedores com lábia afiada. E, sem querer, fechamo-nos em nosso próprio mundo.

O medo de ser rejeitado, a falta de tempo que nós mesmos criamos e a insegurança nos impedem de construir relações importantes e verdadeiras. **O *networking* tem valor que vai além do diploma**. Nosso crescimento no começo vem do que aprendemos, mas nosso sucesso duradouro vem das pessoas que realmente nos conhecem e das ligações que construímos.

### O preço amargo da desconexão

Imagine não ter acesso a informações importantes que poderiam ajudar seus projetos a crescer, não conhecer pessoas influentes que poderiam dar conselhos e abrir caminhos, e ver outras pessoas alcançando objetivos enquanto você fica parado, vendo suas chances diminuírem e seus sonhos se afastarem.

Não criar uma rede de contatos tem um custo alto. Perdemos boas oportunidades de emprego, parcerias de negócios importantes e coisas valiosas que poderíamos aprender. Nossas carreiras podem ficar paradas, sem novas ideias e sem novas formas de ver as coisas. E, talvez o pior, deixamos de construir conexões humanas genuínas, aquelas que nutrem nossa alma e expandem os horizontes de nossa existência.

### Estratégias práticas para se conectar e crescer

- **Frequente eventos relevantes**: dedique-se a identificar e participar ativamente de eventos que ressoem com seus interesses e objetivos. Faça perguntas interessantes e troque informações de contato de um jeito útil. *Workshops*, palestras e feiras são ótimos para conhecer pessoas.
- **Maximize o potencial das redes sociais**: crie um perfil on-line completo e atualizado. Conecte-se com pessoas da sua área e participe de grupos de discussões relevantes. As redes sociais, usadas com inteligência, são ferramentas poderosas para construir relações profissionais.
- **Cultive relacionamentos com autenticidade**: seja um ouvinte atento e empático, demonstre um interesse genuíno pelas histórias e perspectivas das pessoas, preste atenção aos detalhes e esteja sempre pronto a oferecer ajuda, mesmo que de forma modesta.
- **Seja proativo e agregue valor**: não espere que as pessoas venham até você. Comece conversas, faça perguntas e compartilhe o que você sabe.

Ofereça ajuda, indique pessoas e seja útil para sua rede. *Networking* não é só receber; é uma troca na qual todos ganham.

- **Valorize a ajuda mútua**: *networking* não é um evento isolado; é um processo contínuo, uma via de mão dupla. Cuide dos seus relacionamentos, comemore os sucessos dos seus contatos e ofereça apoio quando eles precisarem. A lealdade e a ajuda mútua são a base de uma rede de *networking* forte.

**Histórias inspiradoras de sucesso conectado**

Tenho o privilégio de conhecer um empreendedor visionário que angariou investimentos para sua *startup* ao participar de um evento de *networking*. Esses encontros são muito importantes para ligar pessoas que procuram investir com empreendedores que precisam de capital.

Uma amiga talentosa conseguiu o emprego dos sonhos ao conhecer um recrutador pelo LinkedIn. As redes sociais, quando usadas com foco, tornam-se ferramentas poderosas para o crescimento profissional.

Um mentor inspirador, que tive a grata oportunidade de conhecer em uma imersão de liderança transformadora, ofereceu-me *insights* valiosos que me permitiram superar um desafio profissional complexo em minha própria empresa. Desnecessário dizer que, a partir daquele encontro fortuito, passamos a integrar as redes de *networking* um do outro, enriquecendo mutuamente nossas jornadas.

Meu primeiro contato com o mundo dos negócios foi uma hamburgueria que só saiu do papel graças à crença inabalável de meus pais no meu irmão e em mim; mas, tão importante quanto esse apoio, foram as minhas conexões que acabaram se revelando um ativo de valor inestimável para que o projeto se tornasse realidade, onde tivemos um amigo sócio-investidor. A empresa prosperou enquanto estivemos à frente, e como tudo na vida segue um ciclo, após sete anos de dedicação, decidimos vendê-la, em um momento em que já trilhávamos caminhos profissionais distintos.

Fui então convidado a ser sócio-fundador de uma imobiliária promissora, cujo pontapé inicial de suas atividades foi em fevereiro de 2021, e onde permaneço até hoje, engajado e realizado.

Diante dessas experiências concretas e de inúmeras outras que poderia relatar, envolvendo familiares, amigos e conhecidos, fica comprovado que, mais do que estarem "no lugar certo e na hora certa", essas pessoas estavam ativamente construindo e cuidando de suas valiosas redes, trazendo a conclusão inequívoca de que o *networking*, de fato, escancara portas. O segredo é ter coragem e vontade de atravessá-las.

De maneira análoga, quantos negócios lucrativos deixaram de ser fechados, quantas parcerias estratégicas não foram firmadas, quantos serviços de excelência não foram prestados, apenas pela ausência de alguém posicionado como uma ponte crucial entre duas partes com interesses convergentes? Atuar como esse elo vital, essa conexão que facilita a concretização de um negócio, tem um valor incomensurável. E, como em um ciclo virtuoso, retornamos ao ponto de partida: ao fazermos uma indicação genuína, independentemente do objetivo final dessa conexão, a pessoa indicada colhe o benefício imediato de ter um novo contato valioso em sua própria rede de *networking*.

Você já parou para refletir sobre essa dinâmica? Tão fundamental quanto ter uma rede de *networking* robusta é o ato de compor ativamente a rede de outras pessoas.

## Comece a conectar hoje

O *networking* é uma jornada contínua de investimento em relacionamentos. Não espere o momento ideal; comece pequeno, mas comece agora. O mais importante é dar o primeiro passo, mesmo que pareça pequeno. Lembre-se sempre: o *networking* é uma jornada longa, não um lugar ao qual chegar rápido. Tenha paciência, seja você mesmo e deixe as conexões crescerem naturalmente.

## Dicas extras para um *networking* eficaz

- **Seja um bom ouvinte**: demonstre interesse verdadeiro no que as outras pessoas dizem. Essa atitude atenciosa mostra respeito e fortalece os laços.
- **Comemore o sucesso dos outros**: dê parabéns aos seus contatos por suas conquistas, sejam elas no trabalho ou na vida pessoal. Um gesto simples de reconhecimento pode fazer você ser lembrado com carinho e consideração.
- **Mantenha contato**: envie mensagens para saber como as pessoas estão, compartilhe artigos e informações úteis para seus contatos, e mantenha sua rede ativa e engajada.
- **Não force as coisas**: seja você mesmo. Nunca tente forçar uma amizade ou se aproveitar da boa vontade de alguém.
- **Seja sempre educado e grato**: agradeça o tempo e a atenção das pessoas que o ajudaram e reconheça o valor das suas conexões.

- **Conecte-se com pessoas diferentes**: faça amizade com pessoas de várias áreas, níveis de trabalho e setores. Muitas vezes, as melhores oportunidades vêm de onde menos esperamos.
- **Não tenha medo de pedir ajuda**: as pessoas geralmente gostam de ajudar, basta você pedir; porém, evite procurar seus contatos só quando precisar de algo para você.
- **Seja sempre você mesmo**: ser autêntico é fundamental para construir relações duradouras. As pessoas percebem quando você não está sendo sincero e valorizam a honestidade.
- **Pense no que você pode oferecer**: *networking* não é só sobre o que você pode ganhar; é sobre ser generoso, compartilhar o que você sabe e ajudar as pessoas ao seu redor.

Lembre-se sempre que o *networking* é uma ferramenta poderosa e essencial para alcançar o sucesso na sua jornada como empreendedor e profissional.

“

Não espere as portas se abrirem, derrube-as com seu *networking*.

Glauber Fernandez

# Como este capítulo pode contribuir para o seu **sucesso**?

# Ivan Damha

Sou Ivan Damha, engenheiro de formação e empreendedor por vocação. Fundador de uma das maiores redes de minimercados autônomos em condomínios do Brasil, montei cem unidades próprias em apenas três anos, sem recorrer a franquias ou investidores. Hoje, ensino minha metodologia a novos empreendedores por meio de cursos, mentorias e conteúdos nas redes sociais. Acredito que ação vale mais do que planejamento excessivo — e que o melhor plano de negócios começa com a coragem de dar o primeiro passo.

ivandamha

Ivan Pedroso

METAMORFOSE PARA O SUCESSO

# 14

# TRANSFORMANDO SONHOS EM REALIDADE

Por Ivan Damha

Quando me matriculei em 2011 no curso de Engenharia Mecânica da Universidade de São Paulo (USP), meu mais sincero desejo era ter uma ideia de negócio tão disruptiva, que eu teria que abandonar o curso para seguir a carreira empreendedora.

*A rede social* ainda estava fresca nos cinemas, e o filme mostrava como Mark Zuckerberg e o brasileiro Eduardo Saverin tiveram esse destino enquanto estudavam em Harvard. Para seguir meu sonho, eu tinha a impressão de que eu precisava inventar algo totalmente inovador, que as pessoas realmente desejassem. Mas a verdade é que eu entendia tanto de *business* quanto entendo de cáries ou da Constituição Brasileira de 1988.

Após cursar as aulas de Máquinas Térmicas, juntei-me a dois amigos para fundar uma empresa que sequer saiu do papel: a Brasolar. Havíamos bolado um método de geração de energia através do sol, utilizando uma turbina de baixa pressão que ainda não existia. Ainda assim, nossos cálculos mostravam que era possível construí-la. O grande problema foi que subestimamos completamente os custos de pesquisa e desenvolvimento para tirar uma turbina do papel. E ela era apenas parte do sistema; ainda teríamos que construir os outros componentes — tudo isso sem ter nenhum tipo de validação de mercado. Como a potência produzida era muito maior do que o consumo médio da família brasileira, pretendíamos vender essa solução para condomínios, hospitais, hotéis e outros empreendimentos multifamiliares. Contudo, devido à complexidade do projeto, logo abandonamos a ideia.

O tempo foi passando e meu período na faculdade terminou. Infelizmente — ou, quem sabe, felizmente —, eu havia me formado em 2015 sem ter tido nenhum momento "Eureka!". Saí da USP com meu diploma e nenhum negócio aberto.

Como engenheiro recém-formado, precisei buscar uma colocação no mercado de trabalho. Consegui um emprego como engenheiro de moenda e caldeiras de uma usina de cana-de-açúcar, onde fiquei por alguns anos. Lá, eu ainda mantinha vivo o forte desejo de empreender, de gerar riqueza, criar empregos e girar a economia.

Durante um treinamento da empresa, estive presente em uma palestra do Márcio Fernandes, então presidente da Elektro, distribuidora de energia elétrica. Ele foi considerado, pela revista Você S/A, o líder mais admirado de 2014, e explicou como transformou a gestão da Elektro positivamente durante seu período como CEO da companhia. Ao final da sua palestra, ele disse que quem fizesse uma pergunta ganharia uma cópia autografada do seu livro *Felicidade dá lucro* (Fernandes, 2015). Não tive outra escolha senão erguer o braço direito, aguardar pelo microfone e perguntar: "Onde o empreendedorismo se encaixa na sua filosofia de gestão?".

Márcio fez uma cara de quem não esperava esse tipo de pergunta. Ele pensou por alguns instantes e começou sua resposta. Disse que, diferentemente dele, sua esposa era altamente empreendedora. Ela sempre estava antenada às oportunidades. Naquele ano, ela viu uma notícia na TV em que o Irã havia feito uma proibição ao gás encanado. Seu cérebro já conectou as oportunidades: ela foi para a China, importou dezenas de contêineres cheios de cilindros de gás, e depois foi até o Irã para revendê-los. Acontece que a proibição do gás encanado havia aumentado drasticamente a demanda por botijões de gás. Ela concluiu o negócio e colocou uma boa quantia de lucro no bolso. Eu ouvi atentamente enquanto Márcio falava, e, sinceramente, via-me muito na história que ele havia contado. Essa resposta me perseguiu. Comecei a buscar oportunidades reais. Avaliei dezenas de modelos de negócios.

Então, em 2021, finalmente chegou o momento visionário com o qual eu tanto sonhei. Fui visitar minha tia Cristina em um condomínio no interior de São Paulo, onde passei o fim de semana. No domingo de manhã, acordei e saí para correr com a minha entãonamorada, Gabriela. Demos algumas voltas até parar na área comum do condomínio, onde avistamos um contêiner. Chegamos mais perto e notamos que havia coisas lá dentro. Abrimos a porta de vidro e nos deparamos com um minimercado: havia itens de mercearia, limpeza e higiene, salgadinhos, chocolates, frios, pães, bebidas, itens de bazar e congelados.

Apesar de surpresos, ficamos encantados com aquilo e aguardamos até que o vendedor ou o caixa chegasse. O tempo passou e ninguém veio. Foi então que me dei conta de que talvez pudesse ser uma loja de autoatendimento, pois vi algumas máquinas de cartão ali. Fiz o óbvio, bipei um isotônico no leitor e efetuei o pagamento. Mesmo assim, ao sair, sentia que estava fazendo algo errado.

Essa história ficou em segundo plano na minha cabeça por algumas semanas. Foi então que a Gabriela pegou covid-19 e eu tive que ficar longe dela. Nesse momento, fui viajar para Ubatuba, no litoral de São Paulo. Fiquei uma semana lá e acabei nem pisando na areia. Foi um estalo, e eu vi todo o plano de negócios na minha cabeça. Passei dias fazendo projeções de receita, estudando o mercado das cidades no entorno e buscando fornecedores de equipamentos e mercadorias.

Era agora o momento de dar o meu "salto no escuro". Das dezenas de ideias que tive e que nunca saíram do papel, essa parecia a mais inteligente, a de melhor *timing* e mais rápida de ser executada. E o melhor: não havia fortes concorrentes na minha região.

Eu "queimei o barco". Essa expressão foi utilizada pelos povos *vikings* entre os séculos VIII e X para dizer que tinham que apostar tudo. Eles chegavam à terra que queriam saquear e literalmente queimavam os barcos: ou seriam bem-sucedidos, conquistariam os povos e construiriam novos barcos, ou morreriam tentando. Aluguei um galpão que serviu como meu centro de distribuição e minha moradia por quase dois anos — e isso sem ter nenhum cliente. Então coloquei meu plano à prova e saí oferecendo o minimercado para todos que eu encontrava.

Todavia, a grande virada de chave foi a estratégia usada pela Gabriela para ajudar a conquistarmos clientes. Por ser enfermeira e trabalhar em um hospital pediátrico, ela se conectava com muitas pessoas diferentes todos os dias. E fez do limão a limonada ao oferecer mercados para todos que cruzavam seu caminho. A loucura que poderia ter dado profundamente errado se tornou realidade quando, após 45 dias, tínhamos o primeiro mercado em funcionamento e faturando.

Muitos erros foram cometidos, e isso faz parte de toda jornada empreendedora. Mas o maior acerto foi ter tentado e ter conseguido tirar uma ideia do papel. Em seis meses, tínhamos seis mercados; logo profissionalizamos a empresa, contratamos uma equipe e seguimos crescendo. Em 2022, chegamos a manter um crescimento de 10% ao mês e, em 2024, atingimos algo que apenas 1% das empresas no Brasil alcança: faturar oito dígitos em um único ano. Em pouco mais de três anos, tivemos uma ideia, executamos o plano apesar de todos os erros e acertos durante a jornada, e atingimos o topo do mundo empresarial. Tudo isso devido a um único sentido: a ousadia. Ousamos tentar. Ousamos fazer. Ousamos construir.

Isso nos levou a outros caminhos, abrimos empresas em vários outros ramos, como incorporação, contabilidade, *franchising* e educação.

Agora, vou passar algumas dicas para que você faça como eu fiz, e tire seu projeto do papel:

- **Não pense demais**: antes de abrir a empresa de minimercados autônomos, eu tive uma dezena de outras ideias que ficaram para trás, simplesmente pelo fato de eu pensar demais em aspectos irrelevantes para o início do projeto. Apegar-se ao detalhe quando a empresa sequer existe é o cemitério das boas ideias. Faça um planejamento, mas seja ágil nas decisões. Construa um *Minimum Viable Project* (MVP) (produto mínimo viável), teste sua hipótese e siga para o próximo passo.
- **Não tenha medo de se expor**: muitas vezes, nos retraímos e não contamos nossa ideia para ninguém, com medo de falharmos. Mas vou dizer uma coisa: meus primeiros clientes foram pessoas próximas a mim e que queriam meu bem, por isso, estavam dispostas a ajudar. Quando abri minha empresa de educação, decidi me expor nas redes sociais, e isso me deu muita alavancagem. Não tenha medo de compartilhar!
- **Saiba quando mudar de rumo**: nem toda ideia será bem-sucedida. Gastar tempo, energia e recursos quando já deveria ter seguido outro caminho é postergar seu sucesso até a ideia vencedora. Se algo está longe de acontecer, se não há futuro, mude rapidamente. Percebi que essa é uma característica comum entre maiores líderes: errar rápido e errar bastante. Só assim se acerta o caminho.
- **Uma ideia com futuro é aquela que resolve um problema da sociedade**: se você conseguir fazer isso, terá demanda e futuro. Não invente a roda, apenas faça algo pelo qual as pessoas estão dispostas a pagar voluntariamente. E, ao fazer isso, faça muito bem-feito.

Hoje olho pra trás e consigo enxergar todos os caminhos que me trouxeram até onde estou, como se todo aprendizado, toda vivência tivesse sido uma preparação para chegar até aqui. Cada falha que eu tive foi na verdade uma forma de enxergar como não fazer as coisas. Assim como Edison, eu não falhei mil vezes tentando fazer a lâmpada, apenas aprendi mil formas de como não a criar.

Por fim, lembre-se: toda grande jornada começa com um passo imperfeito.

## BIBLIOGRAFIA

FERNANDES, M. *Felicidade dá lucro*. São Paulo: Portfolio-Penguin, 2015.

A ousadia de começar vale mais do que o plano perfeito nunca executado.

Ivan Damha

# Como este capítulo pode contribuir para o seu **sucesso**?

# Lee Strazeio

Meu nome é Lee Strazeio e tive a sorte de vivenciar grandes oportunidades ao longo de 25 anos como executiva, mentora e empresária. Atuei nas áreas comercial, *marketing*, RH e inovação, entre outras, sempre com liderança humanizada e foco em alta *performance*, conduzindo equipes com mais de mil profissionais.

Sou apaixonada por despertar o propósito nas pessoas, gerando consciência e ação para transformar líderes, equipes e empresas em grandes companhias. Nasci em Ribeirão Preto/SP, onde vivo com meu marido, Leandro. Nossos filhos, Matheus, Yuri e Yasmin, seguem suas jornadas em Buenos Aires e no Rio de Janeiro. E aprendemos que a localização geográfica não define distâncias.

leestrazeio

+55 (16) 98144-5500

Lee Strazeio

lee@strazeio.com.br

# 15

# A JORNADA DO LÍDER EXTRAORDINÁRIO

Por Lee Strazeio

Empreender é um grito de liberdade. É afirmar com convicção ao olhar para o espelho: "Quero mais da vida. Mais propósito, mais tempo, mais significado". Às vezes, essa semente nasce do amor por uma causa, da busca por mais tempo com a família, do cansaço do modelo CLT ou de um sonho antigo que ainda pulsa forte. Mas vencer a distância entre sonhar e realizar depende de coragem.

Aliás, são muitos os obstáculos a vencer. A empolgação inicial pode ser sufocada pela sobrecarga de tarefas de quem não delega, pela confusão de quem não domina finanças ou vendas, ou ainda pela baixa inteligência emocional. Essa é a realidade de muitos empreendedores que vivem apagando incêndios, presos à operação — e que não conseguem se tornar empresários de verdade, nem líderes que deixam um legado.

O maior risco? Criar uma empresa refém de si mesma.

Sem essa virada de chave, o sonho se torna um fardo. O empreendedor, cansado, desmotivado e perdido entre planilhas e decisões, frequentemente se questiona se valeu a pena. O time não evolui, a cultura se perde e o negócio depende exclusivamente da energia do fundador.

Inevitavelmente, a conta chega. A vida pessoal vira caos. O crescimento estagna. E a liberdade sonhada dá lugar à sobrecarga, à solidão e à dúvida; vem o medo e a pergunta: "Será que fiz a coisa certa?".

Dorme cansado, acorda ansioso. O negócio, que deveria ser ponte, vira prisão. O que sobra? Empresas promissoras que se arrastam por anos e vidas pessoais comprometidas, muitas vezes cheias de sucesso aparente, mas de vazio real.

Eu vi isso de perto. Conheci um empresário que faturava R$ 50 milhões por ano — mas não conseguia tirar férias havia quatro anos. O problema não era dinheiro; era falta de liderança.

Mudar esse cenário exige uma transformação: deixar de ser "apenas" empresário e se tornar um **líder extraordinário**. Essa jornada pode não ser simples — mas é libertadora.

Conhecer as fases que marcam essa trajetória é uma boa forma de iniciar a mudança.

### Fase 1: O empreendedor

Aquele que tira as ideias do papel, o empreendedor é movido pela urgência, pela paixão e pela necessidade. Trabalha muito, decide rápido, está em todas as etapas — da venda ao cafezinho. Tem visão, mas falta método. Tem coragem, mas falta estrutura. O negócio depende dele em tempo integral.

É o famoso "faz-tudo": vendedor, financeiro, *marketing* e, às vezes, até o próprio entregador. Ele não pensa em processos, ele resolve. Não delega, executa. Essa energia impulsiona o início, mas também limita o crescimento.

**Fase 2: O empresário**

Para evoluir, o empreendedor precisa virar empresário. Nessa fase, já é possível compreender que comandar um negócio é diferente de trabalhar nele. O empresário organiza, cria processos, estrutura a operação, define metas, contrata equipe, acompanha indicadores. Ele já sabe que a empresa precisa funcionar independentemente da sua presença na operação.

Aqui tem início a transição mais difícil: sair da operação para liderar a estratégia. O empresário já enxerga o negócio como um organismo vivo, que precisa de clareza e cultura para crescer de forma sustentável, mas ainda falta um passo.

**Fase 3: O líder extraordinário**

Enquanto o empresário organiza e controla, o líder engaja e desenvolve. Ele tem visão de longo prazo, toma decisões baseadas em valores e entende que resultado é consequência de um time saudável, bem treinado, alinhado e conectado ao propósito. Ele deixa de construir uma empresa para conceber algo que transforma vidas — a começar pela dele, da sua família, da equipe e de toda a comunidade.

Empreender exige coragem, mas liderar com intencionalidade é o que transforma negócios em legados duradouros.

Fica, a partir deste ponto, um convite para quem deseja parar de sobreviver nos negócios e começar a liderar de verdade. Avaliar a jornada sob um novo olhar e seguir os dez passos aqui reunidos certamente facilitarão a transição de empreendedores e empresários a verdadeiros líderes extraordinários.

1. Pare de querer controlar tudo

Se você ainda revisa cada detalhe e centraliza decisões, está travando o crescimento da equipe — e o seu. Solte o controle, treine melhor e confie mais no processo e nas pessoas.

2. Deixe de ser o "faz-tudo" da empresa

Responder WhatsApp, emitir nota, atender cliente... não dá. Isso consome sua energia estratégica. Delegue o operacional e ocupe o papel que realmente move o negócio.

3. Pare de trabalhar sem planejamento

Entrar no modo automático é o caminho para o esgotamento. Líder extraordinário planeja, foca no que gera valor e direciona sua energia com intenção.

4. Abra mão da mentalidade de escassez

Pensar que ninguém faz tão bem quanto você ou que não pode investir em pessoas agora é armadilha. Crescer exige coragem — inclusive para soltar o ego.

5. Deixe de se isolar

Empresário que quer crescer precisa trocar com outros líderes. Sozinho até vai mais rápido, mas não tão longe. Líder extraordinário se desenvolve em comunidade.

6. Pare de fugir de conversas difíceis

Evitar conflitos só prolonga problemas. Líder extraordinário não se esconde — ele alinha com respeito e firmeza. Liderança exige posicionamento.

7. Deixe de contratar apenas por urgência

Contratar no desespero é como colocar curativo em ferida aberta. Líder extraordinário contrata com estratégia, olhando cultura, potencial e comportamento.

8. Pare de pensar apenas no faturamento

Faturar muito sem estrutura é receita para o colapso. O foco deve ser crescimento sustentável, com processos claros, cultura forte e gente engajada.

9. Não negligencie o próprio desenvolvimento

Se você para de aprender, a empresa para de evoluir. Líder extraordinário busca conhecimento e mentoria. O crescimento da empresa começa com você.

10. Pare de medir sucesso só por números

Resultado importa, claro, mas legado se mede pelo impacto nas pessoas. Líder extraordinário transforma vidas — começando pelas da própria equipe.

Agora que você entendeu o que abandonar para evoluir como líder, aqui vão dez passos rumo à liderança extraordinária.

1. Aprofunde o autoconhecimento

Conheça seus pontos cegos, padrões e crenças limitantes. Líder extraordinário tem clareza sobre quem é, o que quer e como influencia o ambiente.

2. Tenha clareza de visão

Saiba aonde quer chegar como líder e qual impacto deseja gerar no mundo. Sem visão, qualquer caminho serve — e isso custa caro.

3. Construa uma cultura viva

Empresas extraordinárias têm cultura forte. Defina valores, rituais e comportamentos que sustentem seu propósito — e viva isso no dia a dia.

4. Troque controle por confiança

Líder não faz tudo, mas desenvolve quem faz. Delegar com método, treinar e gerir resultados transforma o empresário centralizador em formador de líderes.

5. Planeje com estratégia e aja com intenção

Pare de apagar incêndios. Planeje com clareza, tenha indicadores e revise rotas. Líder extraordinário age com intenção, não por impulso.

6. Inspire pelo exemplo

Pessoas seguem exemplos, não cargos. Seja íntegro, coerente e presente. Quem inspira pelo que faz engaja e fortalece o time. Líder extraordinário entende que:

- resultado sem gente não se sustenta;
- processo sem cultura é robô;
- empresa sem propósito é só um CNPJ.

O engajamento da equipe nasce da clareza na liderança. Esse líder sabe aonde quer chegar e traduz o propósito com verdade e simplicidade, fazendo todos caminharem juntos.

7. Aprimore sua comunicação

Comunique com clareza e intenção. Líder que se expressa bem conecta, inspira e alinha. Evite suposições — seja direto, humano e presente.

8. Desenvolva outros líderes

Invista em gente boa. Dê autonomia, escute e ensine a pensar como dono. Quanto mais líderes você forma, mais leve sua liderança se torna.

9. Aprenda com os erros

Erros ensinam. Punição paralisa, aprendizado liberta. Crie um ambiente onde errar faça parte do processo — com responsabilidade.

10. Revise a rota com frequência

O mundo muda — e você também precisa mudar. Líder extraordinário ajusta a rota com humildade, sem perder a essência. Esse líder tem visão de futuro, escuta ativa, decisões claras e coragem para agir. Ele entrega resultados — e transforma vidas.

Não é sobre ter todas as respostas. É sobre ter coragem de sair do automático, abandonar o controle, e inspirar pessoas a brilharem junto com você. A ponte que você sonhou construir ainda está lá; para atravessá-la, você precisa abandonar o peso do controle e vestir a coragem de liderar.

Não é sorte. É intenção. Não é controle. É propósito.

Quando você escolhe crescer mesmo com medo, escutar mesmo quando é mais fácil mandar, e servir mesmo quando gostaria de receber, acredite, você já está liderando de verdade.

O líder extraordinário nasce da decisão de ser melhor todos os dias. Essa escolha está ao seu alcance. Agora. Transformar-se em líder é a maior contribuição que você pode dar para o seu negócio, a sua equipe e a sua história. Porque, no final, construir uma empresa é incrível, mas construir um legado é inesquecível.

Líderes extraordinários não nascem em condições ideais — eles são forjados no caos, moldados na coragem e guiados pela intenção.

Agora que você enxergou o caminho, **pare de pedir permissão para crescer**. Sua equipe precisa de um líder. Seu negócio precisa de visão. E o mundo precisa do seu legado.

Levante-se. Assuma o comando. Comece hoje a escrever o próximo capítulo da sua própria história de transformação.

## Bônus: dez reflexões para identificar seu estágio

| Características | Empreendedor | Empresário | Líder Extraordinário |
|---|---|---|---|
| Foco principal | Execução | Estrutura | Propósito e pessoas |
| Tomada de decisão | Instintiva | Analítica | Estratégica e empática |
| Tempo dedicado | 100% na operação | 50% gestão / 50% operação | 70% estratégia / 30% cultura |
| Comunicação | Reativa | Direta | Inspiradora e clara |
| Controle | Centralizador | Parcialmente delegado | Totalmente descentralizado |
| Cultura empresarial | Ausente | Em formação | Forte e viva |
| Equipe | Operacional | Técnica | Engajada e autônoma |
| Indicadores | Quase nenhum | Alguns | Acompanhamento completo |
| Desenvolvimento pessoal | Baixo | Médio | Constante e intencional |
| Legado | Inexistente | Construindo | Inspirador e perene |

“

Líderes extraordinários não dependem de um cargo. São reconhecidos pela forma como transformam e conduzem pessoas, projetos e decisões.

Lee Strazeio

# Como este capítulo pode contribuir para o seu **sucesso**?

# Leonardo Goulart

Eu me chamo Leonardo Goulart, sou natural de Macaé, interior do estado do Rio de Janeiro, onde resido atualmente com minha família. Sou casado com uma mulher incrível, temos construído nossa história pelos últimos 23 anos e fomos presenteados com três tesouros: a Dudinha, a Bebela e a Lelê.

Sou arquiteto de formação, corretor de imóveis, empresário e, acima de tudo, um inspirado empreendedor. Em minha longa carreira, fui sócio dos mais variados negócios: escritório de arquitetura, construtora, imobiliária, *coworking*, centro cultural, choperia, empresa de investimentos... e, sinceramente, acredito que esse seja só o começo — ainda tenho muitas ideias borbulhando na cabeça.

Atualmente, sou CEO da Labuta Cowork — a maior rede de escritórios compartilhados do interior fluminense —, sócio-consultor de uma imobiliária e sócio-investidor de uma agência de *marketing* digital.

leonardoggoulart

+55 (22) 99770-1151

METAMORFOSE PARA O SUCESSO

# 16

# COMO LIDAR COM O MEDO DO FRACASSO

Por Leonardo Goulart

Medo do fracasso. Essa é, talvez, a barreira mais silenciosa que separa sonhos da realidade. É o que impede ideias geniais de saírem do papel, o que mantém bons profissionais presos em empregos ruins e o que transforma planos promissores em arquivos esquecidos no computador.

Mas e se eu dissesse que o fracasso faz parte do processo? Que errar é, muitas vezes, o que antecede o acerto? Pode parecer clichê, mas é a mais pura verdade e eu vou provar isso neste capítulo.

De cara, para iniciar, gostaria que você soubesse que, lá no Vale do Silício — vanguarda quando se trata de negócios e *startups* —, quando um empreendedor se apresenta a um investidor ou a um fundo de investimentos, uma das perguntas que ele recebe é: "Quantas vezes você já quebrou?". Ou seja, para quem vai aportar capital, saber quantos fracassos o empreendedor já teve é muito relevante. Vamos entender o porquê.

Eu acredito que, dependendo da fase da vida, nossos erros podem ser mais importantes do que nossos acertos — por mais estranho que pareça. Tanto é que a frase "só perde pênalti quem bate" virou meu mantra. Percebi com o tempo que o incentivo a novas iniciativas, tentativas e atitudes pode fazer a diferença na vida das pessoas. Nos próximos parágrafos, vou explicar como essa frase moldou minha vida profissional e como pode transformar a sua também.

O medo do fracasso não é um problema só seu. Uma pesquisa do Sebrae (2017) revelou que 24,4% das empresas no Brasil fecham antes de completarem dois anos, e um dos principais motivos apontados é a falta de preparo emocional dos empreendedores para lidar com os desafios do negócio. Não é só sobre dinheiro; é sobre confiança, coragem e disposição para errar. O medo paralisa. Faz com que pensemos mil vezes antes de agir e, mesmo quando agimos, o fazemos meio travados. É como bater um pênalti com medo do goleiro, ou do estádio, ou da chuteira nova, ou do gramado, ou de qualquer outra coisa que sua cabeça seja capaz de inventar naquele momento. Já está derrotado antes mesmo de chutar a bola. E isso vale pra tudo: abrir uma empresa, lançar um produto, mudar de carreira, investir num novo projeto... A mente já projeta o pior cenário antes mesmo de dar o primeiro passo.

O resultado? A maioria desiste antes de começar. Fica esperando o "momento certo", que nunca chega. E pior: vê outras pessoas, com menos preparo ou experiência, conquistarem o que elas mesmas poderiam estar vivendo. O que acontece quando você deixa de bater o pênalti por medo de errar? Você não erra, mas também não faz gol. Fica no 0x0 com a vida. Mas a vida não espera. O tempo passa.

Quantas vezes ouvimos alguém dizer algo do tipo: “Esse aplicativo é fantástico, mas acredita que tive essa ideia anos atrás?”; só nos resta devolver a pergunta: “E por que não fez? Por que não executou, não tirou do papel?”. Conheço muitas pessoas com “obesidade intelectual”: estão cheias de conhecimento, cursos técnicos, pós-graduação, MBA; estão sempre se preparando, com ideias inovadoras, pensam que vão mudar o mundo, mas, na vida real, nunca realizam nada.

O mais incrível é que uma pesquisa realizada pela Global Entrepreneurship Monitor (GEM), em parceria com o Sebrae, aponta o empreendedorismo como um dos principais sonhos dos brasileiros (Sonho [...], 2023). A pesquisa de 2023 mostrou que a cada dez brasileiros, seis querem ter o seu próprio negócio. Ou seja, 60% da população adulta brasileira sonha em empreender. Obviamente, a grande maioria não chega a realizar nada. E a pergunta que me incomoda é: por quê? Por que tanto medo a ponto de abrir mão dos seus sonhos?

Deixe-me contar um pouco sobre minha trajetória e por que tenho autoridade para tratar do assunto. Eu comecei minha jornada profissional no mundo da construção civil, como estagiário, numa grande obra na Cidade Maravilhosa. No início, foi assustador; a obra era um condomínio residencial que tinha mais prédios do que a minha cidade natal inteira! Aos meus olhos, parecia mais com um bairro do que com um condomínio. Eu era estagiário em um dos prédios e, entre mestres de obra, engenheiros e outros profissionais cascudos, eu era o único sem experiência alguma. Mas o que me faltava em técnica, eu compensava em atitude. Com a cabeça de quem queria aprender e espírito empreendedor, comecei a crescer: ficava até mais tarde, preocupava-me com tudo, voluntariava-me sempre que tinha a oportunidade. Cometi muitos erros, claro. Erros por inexperiência, por empolgação, por ansiedade, por querer resolver tudo. Mas também acertei bastante. E o mais importante: destaquei-me!

Daquele primeiro estágio, recebi um convite, depois outro… Antes mesmo de me formar, já estava comandando equipes, tinha grandes responsabilidades e, aos 20 anos, já ganhava mais grana do que sonhava; liderava mais de cem operários em canteiros de obras espalhados pelas zonas Sul e Oeste do Rio de Janeiro.

Não demorou muito, abri minha primeira empresa. Juntei-me com um encarregado de obras experiente e abrimos uma empreiteira que prestava serviços de acabamento de gesso. Em menos de dois anos, eu retornava à mesma construtora que havia me dado a primeira oportunidade, dessa vez como empresário. De estagiário a empresário — isso tudo em um mercado extremamente competitivo, desleal e até cruel. Imagine só! Não sei se você consegue compreender a grandeza do feito: em quase uma década vivendo na região metropolitana do Rio, nunca vi ninguém crescer com essa velocidade, com esse apetite de vencer na vida. Só como referência, quando entrava no canteiro de obras como empresário, para apresentar minha proposta de preço, era recebido pelos mesmos estagiários que estavam ao meu lado lá no início.

Descrevendo assim, parece que tudo foi fácil, que só tive vitórias, certo? Mas acredite, não foi nada fácil. No início, errei muito mais do que acertei. Mas nunca me permiti desanimar. Já pensou se eu tivesse paralisado com medo a cada falha, cada tropeço? Se tivesse ficado quieto no meu canto, tentando ser invisível para não chamar atenção, tocando minha vida como todos os outros? Provavelmente teria sido só mais um nome na folha de ponto ou, talvez, nem isso. Talvez não tivesse nem conseguido aquele primeiro estágio.

Foi fazendo essa reflexão que eu entendi o conceito de "só perde pênalti quem bate". E, se eu quero jogar, preciso bater todos os que vierem. Alguns vão entrar. Outros não. Mas eu continuo no jogo. Tentando, melhorando a cada oportunidade. Sem medo! E sabe o que mais aprendi? Que o erro, quando bem administrado, com a cabeça no controle das emoções, ajuda no processo e acelera o desenvolvimento. Pode parecer controverso, mas é a mais pura verdade. No campo de futebol, 22 homens lutam pelo seu espaço, porém apenas um pode pegar a bola para bater o pênalti. Apenas um pode assumir essa responsabilidade. Mas e se ele errar? Qual é o problema? O jogo segue. Ele já tem todo mérito pelo simples fato de estar carregando a responsabilidade.

É isso que você precisa entender. Apenas você pode pegar a bola, atravessar o campo, suportar o estádio cheio direcionando xingamentos a você e ainda superar o goleiro adversário. Apenas você pode errar o pênalti. Mas, daqui para frente, quero que se concentre que **apenas você pode fazer esse gol**. Não há mais ninguém capaz. Só você!

O Sebrae (2023) reforça isso com dados: empreendedores que aprendem com os erros e ajustam o plano têm até 60% mais chances de sucesso em um novo negócio. Sabe a qual conclusão chego? É preciso saber se adaptar — não ser infalível! O medo do fracasso vai bater à sua porta muitas vezes. Mas você decide se ele entra ou se fica do lado de fora. Lembre-se: não existe coragem sem medo. A diferença entre quem realiza e quem só sonha é que o realizador foi lá com medo mesmo. Ele não esperou se sentir 100% pronto. Nem você vai se sentir. E está tudo bem.

Não se compare aos outros — nem àqueles que estão acima, nem aos que estão abaixo. Se quiser conquistar resultados diferentes, precisa se comportar de maneira diferente da maioria. Caso contrário, ficará simplesmente na média, terá resultados medíocres. Não dê ouvidos ao que os outros dizem, nem mesmo aqueles que mais o amam. Provavelmente eles vão criticá-lo, desanimá-lo, mas não por mal — muito pelo contrário, eles apenas têm medo do seu fracasso. Não entendem todos os conceitos que trago aqui, então, quando o criticam, contrários às suas ideias, suas iniciativas, pensam que o estão protegendo. Tolos!

A verdade é que ninguém se lembra de quem ficou parado na beira do campo. Ninguém se lembra de quem ficou no banco de reservas, escondendo-se para não entrar nas quatro linhas. A história é escrita por quem arrisca, quem falha, quem se levanta e tenta de novo. O medo do fracasso até tenta nos convencer de que é mais seguro ficar no mesmo lugar. Pura ilusão. É como a história do pássaro dentro de uma gaiola com a porta aberta: outra ave se aproxima voando e questiona por que ele continua lá dentro. Ele retruca dizendo que ali estava seguro. O outro o incentiva a deixar aquela prisão; ele responde: "Mas eu posso cair", e prontamente, o outro retruca: "Mas você pode voar!". Entenda a lição dessa história: o seu zelo pela segurança pode estar limitando você, trancafiando-o numa prisão de portas abertas.

Quer saber como lidar com o fracasso? Encare-o como um eterno campeonato de pênaltis. Vai errar? Vai. Vai acertar? Também. Mas, se você não bater, nunca vai saber. Então, respire fundo, olhe para o gol e lembre-se de tudo que o trouxe até aqui. Lembre-se daqueles que contam com você. Trabalhe com garra para acertar mais do que errar. Até porque o gol será o fiel da balança após o apito final. Contudo, não se preocupe demais, um campeonato não se ganha em apenas um jogo.

Agora que entendeu tudo, a bola está com você. Coloque-a na marca da cal, vá lá e chute! Bata forte. Bata consciente. Bata como se sua vida dependesse disso. Até porque, na verdade, depende mesmo. Em contrapartida, nunca se esqueça do que aprendeu aqui: **o fracasso não deve ser encarado como oposto ao sucesso, mas como parte do caminho**!

## BIBLIOGRAFIA

SEBRAE. Como transformar o erro em aprendizagem. *Sebrae*, São Paulo, 6 jun. 2023. Disponível em: https://shre.ink/eMRZ. Acesso em: 27 maio 2025.

SEBRAE. Entenda o motivo do sucesso e do fracasso das empresas. *Sebrae*, São Paulo, 30 out. 2017. Disponível em: https://shre.ink/eMiX. Acesso em: 27 maio 2025.

SONHO empreendedor: seis em cada 10 brasileiros querem ter o próprio negócio, mostra pesquisa. *Exame*, São Paulo, 13 maio 2023. Disponível em: https://shre.ink/eMRu. Acesso em: 27 maio 2025.

“

E quando perguntarem como você venceu o medo, responda com um sorriso: ‘Só perde pênalti quem bate’.

Leonardo Goulart

# Como este capítulo pode contribuir para o seu **sucesso**?

# Mayara De Rey

Meu nome é Mayara, nascida e criada em São Bernardo do Campo/SP. Sou mãe, empreendedora e mentora, especialista em criação de conteúdo estratégico. Há mais de cinco anos, dedico minha vida a ajudar empreendedores a se estruturarem de forma sólida e estratégica. Construir meu próprio caminho significou enfrentar desafios, incertezas e momentos de dúvida. Aprendi que mudar de vida é possível, mas exige mais do que vontade. Requer um negócio bem estruturado, estratégia e coragem para seguir em frente, mesmo quando o caminho não parece óbvio. Hoje, meu propósito é compartilhar experiências e mostrar que empreender não precisa ser um salto no escuro, mas um processo que, quando bem conduzido, gera crescimento, impacto e liberdade.

mayderey

# 17

# O SEGREDO DAS MARCAS QUE NINGUÉM ESQUECE

Por Mayara De Rey

Se alguém me dissesse anos atrás que eu criaria uma marca reconhecida, ajudaria empreendedores a se destacarem no digital e ainda escreveria em um livro sobre isso, eu daria uma risada nervosa. Eu não sabia nem o que queria fazer da vida. Testei várias faculdades, troquei de caminhos inúmeras vezes e, por muito tempo, senti que não encontraria um propósito real.

Até que a vida me colocou contra a parede.

Grávida, sem rumo e sem saber como construir algo que me desse estabilidade, eu fiz o que muitas pessoas fazem quando precisam de uma solução rápida: improvisei. Com apenas o desejo de fazer algo dar certo, abri uma loja on-line. O começo foi caótico, cheio de erros e incertezas, mas me ensinou uma das maiores lições da minha vida: ter um produto ou serviço é fácil; construir uma marca memorável é outra história.

No início, eu apenas vendia produtos. Depois, comecei a vender ideias. E quando percebi que o que realmente transformava vidas não era o que eu fazia, mas **como eu me comunicava**, entendi o verdadeiro poder do *branding*.

O maior erro de quem quer crescer no digital é acreditar que basta aparecer; porém, a atenção das pessoas está cada vez mais disputada. Se sua mensagem não for clara, autêntica e marcante, ela vai se perder no meio de tantos outros conteúdos.

E eu sei disso porque aconteceu comigo.

Por anos, eu criava conteúdos sem estratégia e me frustrava por não ver resultados. Eu estava apenas "postando por postar", sem direcionamento, sem diferencial e, pior, sem uma conexão real com quem me acompanhava.

O resultado? Muito esforço para pouco retorno; frustração por não ser reconhecida; a sensação de estar sempre começando do zero. Até que um dia, cansada de me sentir invisível, tomei uma decisão: ou eu construía uma marca forte e memorável, ou continuaria lutando por migalhas de atenção no digital.

Foi aí que tudo mudou. Criar uma marca forte não é sorte, não é talento, não é sobre ter milhares de seguidores. É sobre ter um método. Foi por isso que eu criei minha mentoria — porque eu sei o que é tentar de tudo e não ver resultados; sei como é seguir as "fórmulas mágicas" que prometem sucesso e acabar cada vez mais perdida.

Eu passei anos testando, errando, refinando. Até encontrar um caminho. Esse caminho tem três pilares inegociáveis.

O primeiro pilar é a **autenticidade**. Você nunca vai construir uma marca memorável tentando agradar todo mundo. Seu poder está naquilo que só você pode ensinar, na forma única como você vê o mundo. Descobrir e comunicar essa essência é o primeiro passo. O que faz você ser você? O que só você pode oferecer?

Muitas pessoas acham que precisam de um grande diferencial, mas o que realmente faz a diferença não é *o que* você vende, e sim *como* você vende. Na mentoria, trabalhamos a construção de um posicionamento forte, com uma mensagem clara que se conecte emocionalmente com o público certo.

O segundo pilar é **clareza**. O motivo pelo qual muitas marcas passam despercebidas é porque suas mensagens são confusas. O público não entende o que você faz — às vezes, nem você entende. Eu ensino como criar uma mensagem clara e impactante, utilizando técnicas de *storytelling*, estrutura de comunicação e criação de conteúdo estratégico.

E o terceiro pilar? **Estratégia**. Não adianta ser autêntico e ter clareza se você não souber como transformar isso em resultados. É aqui que entra o planejamento de conteúdo, os funis de vendas e a criação de uma presença digital forte.

Meus alunos aprendem a criar um funil de conteúdo eficiente, em que cada postagem tem um objetivo claro: atrair, nutrir e converter. Não basta postar aleatoriamente esperando que as pessoas comprem. Seu conteúdo precisa ter um caminho que transforme o seguidor que o vê pela primeira vez em alguém que confie no seu trabalho e queira comprar de você.

E você não precisa de um grande número de seguidores para vender. O que você realmente precisa é de um público engajado e qualificado. Na minha mentoria, eu ensino como criar conteúdos que geram identificação, quebram objeções e fazem as pessoas perceberem o valor do que você oferece.

Além de tudo isso, há um fator crucial para criar uma marca memorável: a consistência. Muitos desistem antes de ver resultados, porque esperam crescimento rápido. Mas marcas fortes não se constroem da noite para o dia.

Por isso, eu ajudo meus alunos a criarem uma estratégia sustentável, que funcione a longo prazo, sem sobrecarga. O objetivo é que você consiga criar conteúdos autênticos e estratégicos sem precisar postar o tempo todo ou seguir um método engessado que não combina com você.

Criar uma marca memorável não é sobre fazer mais, é sobre fazer certo. É preciso muito mais do que um logotipo bonito ou postagens frequentes para ocupar um espaço na mente e no coração do público.

Existem estratégias essenciais para isso, e eu vou compartilhar as mais importantes com você agora.

1. **Pare de tentar ser interessante**

Muitas marcas lutam para chamar atenção. Criam conteúdos que competem com milhares de outros no *feed*. Mas você não precisa gritar para ser ouvido; precisa fazer com que as pessoas que realmente importam sintam que você fala diretamente com elas.

E como fazer isso?

- Em vez de focar o que vende, foque o que transforma. Seu público não quer só comprar algo, ele quer resolver um problema, eliminar uma dor ou alcançar um desejo. Você está falando sobre isso? Ou apenas listando benefícios e características do que vende?
- Seja impossível de ser ignorado. O que faz as pessoas pararem para prestar atenção em você? Sua história? Sua visão? Seu jeito único de ensinar? Se o seu conteúdo parece uma cópia do que todo mundo já fala, por que alguém o seguiria?
- Mostre sua verdade, sem medo de perder quem não se encaixa. Marcas memoráveis criam uma identidade tão forte que fazem seus seguidores pensarem: “Essa pessoa fala exatamente o que eu preciso ouvir!”.

2. **Sua marca não é sobre você, é sobre como as pessoas se sentem ao se conectar com ela**

Se você pensa que a sua marca é só seu nome, seu logo ou seu *feed* bem-organizado, você está olhando para a coisa errada.

O que as pessoas sentem quando interagem com seu conteúdo? Elas se enxergam no que você fala? Sentem que fazem parte de algo?

Marcas memoráveis criam movimentos. Elas fazem as pessoas acreditarem em algo maior do que o produto ou serviço que vendem. Pense nos maiores nomes do seu nicho. Eles não apenas ensinam ou vendem algo; eles representam uma ideia.

E você? Qual é a bandeira que você levanta?

- **Sua história é sua maior estratégia de *marketing*.** As pessoas não compram de empresas, compram de pessoas. Construa conexão com histórias reais.
- **Seu conteúdo não é sobre você, é sobre seu público.** Se a maioria dos seus *posts* fala sobre o que você faz e não sobre o que seu público sente, você está se comunicando errado.
- **Criar uma comunidade vale mais do que crescer com apenas números.** Marcas que têm seguidores fiéis e defensores fervorosos são aquelas que fazem as pessoas se sentirem parte de algo maior.

3. **Posicionamento não é sobre o que você fala**

Seu posicionamento não é o que você diz sobre si mesmo, mas como seu público descreve você quando você não está na sala.

Se eu perguntasse agora para cinco pessoas que o acompanham qual é o seu diferencial, elas saberiam responder?

- **A clareza é mais poderosa do que a frequência.** Não adianta postar todos os dias se sua mensagem muda o tempo todo. Defina um posicionamento e o repita até que se torne impossível de ser ignorado.
- **Construa sua autoridade.** Se você quer que as pessoas confiem em você, mostre o que já fez por outras pessoas. Provas sociais, histórias reais e bastidores são muito mais poderosos do que qualquer argumento de venda.
- **Defina a única frase que representa sua marca.** Qual é a sua promessa? Como as pessoas podem resumir o que você faz em uma única linha? Se não está claro para você, também não estará para seu público.

**Exercício prático:** peça para seus seguidores descreverem sua marca em três palavras. Se as respostas forem muito variadas, sua comunicação ainda não está forte o suficiente.

4. **Estratégia vende, mas conexão fideliza**

Ter um produto ou serviço excelente é importante. Mas o que realmente transforma o seguidor em cliente é o que ele sente sobre você e sua marca.

Empreendedores que focam apenas em vender acabam criando clientes que compram uma vez e somem. Mas empreendedores que criam conexões geram clientes que voltam, indicam e defendem a marca.

O segredo? Fale menos sobre sua oferta e mais sobre a jornada que ela proporciona.

- Seus clientes não compram um produto. Compram uma transformação.
- Seja lembrado não pelo que vende, mas pelo que representa. Marcas fortes criam um legado.

Quando você descobre o poder de uma marca forte, tudo muda. Seu conteúdo deixa de ser ignorado, suas mensagens começam a ressoar, seu público passa a defender sua marca, e sua presença digital se torna um ativo valioso.

Se eu pudesse voltar no tempo e dar um conselho para a Mayara de alguns anos atrás, perdida, tentando de tudo e sem resultados, eu diria: "Não tente fazer isso sozinha".

Eu levei anos para entender que construir uma marca não tem a ver com postar sem parar, nem com fórmulas prontas. Eu poderia dizer que é simples. Mas não é. Dá trabalho, exige paciência e, acima de tudo, exige coragem para se posicionar e falar a verdade, mesmo quando ela não agrada a todos.

Mas quer saber a melhor parte? Vale a pena.

Hoje, eu sei que qualquer pessoa pode construir uma marca forte e reconhecida. Você não precisa ter milhares de seguidores, não precisa ser um gênio do *marketing*. O que você precisa é de um método certo e de alguém para guiá-lo nesse caminho.

Agora, eu pergunto: você está disposto a sair do óbvio e criar uma marca que ninguém esquece?

A escolha está nas suas mãos. Você pode continuar tentando sozinho, postando sem direção e torcendo para que algo mude, ou pode vir comigo e aprender um método que já transformou a vida de dezenas de empreendedores.

Seu próximo nível não é um sonho, é uma decisão.

"

Ou você vira referência sendo autêntico, ou só mais uma opção tentando se encaixar. O mercado não respeita quem se esconde.

Mayara De Rey

# Como este capítulo pode contribuir para o seu **sucesso**?

# Paloma Lessi

Sou Paloma Lessi, de Atibaia/SP; cristã, esposa do Dudu Lessi e mãe do Matheus Lessi, minhas bases e fortalezas. Há 27 anos ajudo empresas a virarem o jogo. Já transformei mais de quatrocentos negócios no Brasil e nos EUA, com estratégias baseadas em dados, decisões conscientes e foco em resultados; desburocratizando o negócio, ajudo empresários a terem lucro. Sou *master coach* com certificação internacional pela FCU (EUA), perita contábil e MBI em Gestão Financeira, Auditoria e Controladoria pela Fundação Getulio Vargas (FGV). CEO do grupo Lessi Company, atuo como treinadora e palestrante em grandes eventos. Minha missão é clara: transformar talentos em potência e dados em decisões que constroem legados. Você tem claro o legado que sua empresa tem deixado?


palomalessi.oficial

+55 (11) 97397-7903

Paloma Lessi

palomaflessi@gmail.com

Paloma Lessi


METAMORFOSE PARA O SUCESSO

# 18

# TOMADA DE DECISÃO BASEADA EM DADOS

Por Paloma Lessi

METAMORFOSE
PARA O
SUCESSO

## Como os dados revelam o que está impedindo você de crescer de verdade

Quem nunca passou por um terreno em construção, fechado com tapumes, e sentiu aquela pontada de curiosidade? Aquela fachada simples, muitas vezes suja e inexpressiva, esconde muito mais do que tijolos empilhados. Ela protege o que ainda está sendo formado. Aquilo que está sendo lapidado. Aquilo que ainda não está pronto para ser mostrado ao mundo.

Por trás dos tapumes, existe barulho, poeira, ferramentas espalhadas e um projeto em andamento. Mas também existe **propósito, planejamento e visão**. Ali dentro, longe dos olhares apressados, nasce algo grandioso. E essa metáfora é perfeita para ilustrar o que acontece dentro de uma empresa — especialmente quando falamos sobre liderança e tomada de decisão.

Vivemos tempos em que a aparência é exaltada, mas a fundação é negligenciada.

Muitos negócios se preocupam com a fachada — com o Instagram bonito, o escritório elegante, o discurso poderoso —, mas poucos se preocupam com o que realmente sustenta a operação: os dados, os indicadores, os processos e a clareza sobre o que está dando certo e o que precisa ser ajustado.

O que vemos todos os dias são líderes construindo seus negócios na correria, na pressão, na intuição. Nada contra a intuição — ela é valiosa —, mas quando não é acompanhada por dados, indicadores e análises, ela se transforma em um tiro no escuro.

E o problema começa exatamente aqui: decisões importantes sendo tomadas com base em sensações, opiniões ou suposições. A ausência de dados transforma empresários em apostadores — líderes em navegadores sem bússola.

Já presenciei empreendedores comemorando faturamentos altíssimos, enquanto o caixa sangrava lentamente; empresas aparentemente lucrativas que não conseguiam pagar suas contas no fim do mês; donos de negócios que não sabiam qual era o custo fixo da operação, quanto precisavam vender para atingir o ponto de equilíbrio ou sequer qual era a área que exigia mais atenção. Isso é grave. Porque quando você não conhece os números do seu negócio, você não conhece a saúde dele.

O resultado disso é uma vida empresarial baseada no improviso, em tentativas e erros, em apostas que podem custar muito caro. Quando você não tem clareza sobre os dados que sustentam o seu negócio, você vive apagando incêndios. A sensação é de estar sempre ocupado, mas nunca evoluindo. Sempre correndo, mas nunca saindo do lugar. E o mais perigoso: você passa a tomar decisões com base em emoções — e não em estratégias. Você mistura contas pessoais com as empresariais, deixa de analisar indicadores de desempenho, ignora gargalos operacionais e não identifica oportunidades de crescimento.

É como tentar construir um prédio alto com fundações fracas. Por fora, pode até parecer bonito. Mas por dentro, está instável. Uma ventania mais forte — como uma crise econômica, uma queda nas vendas ou um problema com um cliente importante — pode derrubar tudo.

Existe uma velha máxima no mundo dos negócios que diz: "O que não pode ser medido não pode ser gerenciado". E essa frase nunca fez tanto sentido quanto agora. Conduzir uma empresa sem métricas claras é como navegar em alto-mar com o leme quebrado e o radar desligado. É como um barco avançando velozmente em direção a um enorme *iceberg* — e o pior: sem saber que ele está logo à frente.

Quando um líder não avalia os dados e não analisa o cenário, os concorrentes, as ameaças e as oportunidades, ele se expõe ao risco de uma colisão iminente. O mar pode parecer calmo na superfície, mas por baixo pode estar cheio de perigos invisíveis. O que os olhos não veem, os dados revelam. E é essa clareza que separa empresas que afundam daquelas que seguem firmes rumo ao crescimento.

Não basta apenas remar com força. É preciso saber para onde se está indo. E isso só é possível quando você coloca os instrumentos certos no painel de controle da sua empresa. Caso contrário, a colisão será inevitável. Não por falta de esforço, mas por ausência de direção.

A consequência disso? Estresse. Endividamento. Equipes desmotivadas. Clientes insatisfeitos. E, em muitos casos, o fechamento precoce de negócios que tinham tudo para dar certo, mas faltou gestão, clareza e direção.

O caminho para evitar esse colapso silencioso começa com uma decisão simples: **colocar os dados no centro das decisões.** Dados não são apenas números. Eles são histórias sendo contadas por trás dos bastidores. São como os alicerces que sustentam grandes construções. São eles que revelam onde estão os gargalos, quais produtos têm maior margem de lucro, qual colaborador está entregando mais, onde o *marketing* está funcionando — e onde está drenando recursos.

Vamos falar de práticas concretas? Comece por aqui:

Separe o que é pessoal do que é empresarial

Sua empresa não é sua conta bancária. Misturar as duas coisas é cavar a própria falência. Tenha contas separadas. Defina seu pró-labore. Respeite o caixa da empresa como se fosse o coração do seu negócio.

Defina seus indicadores (KPIs)

Você sabe seu lucro líquido? Sabe qual é sua margem de contribuição? Qual o ponto de equilíbrio? Qual o percentual ideal do seu custo fixo? Tem uma gestão orçamentária? Sabe quanto precisa vender para lucrar de verdade?

Essas respostas precisam estar na ponta da língua de quem lidera.

Crie uma cultura de análise contínua

Olhe para os números toda semana. Reúna a equipe. Reveja os KPIs. Corrija o curso. Faça dos dados um hábito, não uma emergência.

Capacite sua equipe

O *marketing* precisa saber o *Return on Investment* (ROI). O comercial, a margem de contribuição. O financeiro, o fluxo de caixa. Quando todos pensam com base em dados, a empresa se alinha.

Pare de improvisar: assuma o papel de gestor

Improviso serve para *shows* de humor. Gestão exige clareza, responsabilidade e estratégia. Quem constrói com base em dados ergue impérios. Quem constrói sobre achismos cava ruínas.

Uma empresa que se guia por dados entende que cada indicador é uma bússola. E que cada decisão precisa ser baseada em análise e não em pressentimentos. Isso não significa engessar processos ou sufocar a criatividade. Significa ter liberdade com responsabilidade. Ter espaço para inovar com segurança. E crescer com consistência.

Ser líder vai muito além de comandar pessoas. É sobre liderar sua própria vida, com propósito, clareza e estratégia. "Sejam férteis e multipliquem-se! Encham e subjuguem a terra! Dominem sobre os peixes do mar, sobre as aves do céu e sobre todos os animais que se movem pela terra." (Gn 1:28)

Isso inclui seus negócios, suas finanças, suas emoções e sua casa. Não adianta querer governar fora, se dentro está em desordem. A verdadeira liderança começa quando você se responsabiliza por seus resultados; quando você para de culpar o mercado, a equipe ou a concorrência, e começa a olhar para os dados, para os processos, para as decisões que foram (ou não foram) tomadas.

Liderar com dados é liderar com sabedoria. É transformar números em direção. É entender que o improviso pode até ser necessário em algumas batalhas, mas o que vence a guerra é a **estratégia consistente, baseada em análise e propósito.** Lembre-se: a clareza é libertadora.

Quando você sabe exatamente onde está e aonde quer chegar, cada passo se torna consciente. Você deixa de reagir e passa a construir. Você deixa de apagar incêndios e começa a acender tochas de crescimento.

Chegou a hora de assumir o comando com responsabilidade e visão. Chega de decisões no escuro, de achismos e suposições que custam caro demais. Negócios não são apostas, são estratégias. E estratégia exige clareza, números e direção. Quem ignora isso corre o risco de se tornar apenas mais uma história de fracasso no mercado — mais um navio naufragado por falta de visão.

Mas quem decide mudar, quem escolhe liderar com consciência, medir com inteligência e agir com propósito, constrói não apenas uma empresa lucrativa, mas um legado. Porque, no final, não é sobre apenas sobreviver; é sobre crescer, impactar e deixar sua marca no mundo.

Então olhe para o seu negócio com a grandeza que ele merece. Saia da neblina. Pegue o leme. E navegue com coragem rumo ao próximo nível. O mundo não precisa de mais empreendedores apagando incêndios. Ele precisa de líderes que acendem faróis.

Que você escolha, todos os dias, ser o **arquiteto do seu futuro** — um futuro construído com planejamento, dados, consciência e fé. Um futuro que, mesmo nos momentos em que parece invisível para o mundo, está sendo lapidado por trás dos tapumes — com consistência, visão e propósito.

E quando chegar a hora de tirar os tapumes, o que o mundo verá não será apenas uma obra finalizada. Será o reflexo de uma liderança inabalável, que decidiu crescer de dentro para fora.

Que você escolha, todos os dias, ser o arquiteto do seu futuro — com propósito, com estratégia, com gestão.

Você realmente sabe o que está travando o crescimento da sua empresa? A maioria dos empresários acha que o problema é "falta de vendas" ou "falta de tempo", mas a verdade está escondida em lugares que você ainda não enxergou.

Por isso, preparei um diagnóstico empresarial gratuito, feito sob medida para revelar os pontos cegos que estão impedindo sua empresa de crescer com lucro, autonomia e consistência.

Acesse agora pelo *QR Code*.

## BIBLIOGRAFIA

BÍBLIA SAGRADA. Nova Versão internacional (NVI). São Paulo: Editora Vida, 2011.

Você não tem um problema de lucro; você tem um problema de decisão.

Paloma Lessi

# Como este capítulo pode contribuir para o seu **sucesso**?

# Pâmella Soares

Sou Pâmella Soares, natural e residente de Itumbiara/GO. Consultora empresarial e especialista em gestão organizacional e de processos. Minha trajetória é marcada por superações e escolhas estratégicas. Ao longo dela, descobri meu propósito: ajudar líderes e empreendedores a transformarem seus negócios, estruturando processos eficientes e desenvolvendo equipes de alta performance.

Durante essa caminhada — por meio de estudos contínuos e vivências intensas — encontrei no essencialismo o poder para alcançar o extraordinário com mais propósito e significado. Já atendi empresas em diversos estados do Brasil, presencialmente e on-line, impactando organizações e pessoas de norte a sul. Meu trabalho é sobre transformar empresas, melhorar resultados e ajudar indivíduos a atingirem seu máximo potencial.

pamella.ksoares

+55 (64) 99211-0650

Pâmella Soares

METAMORFOSE
PARA O
SUCESSO

# 19

# ESSENCIALISMO: ARTE DO MENOS COM MAIS SIGNIFICADO

Por Pâmella Soares

Vivemos em um mundo que glorifica o acúmulo: de tarefas, responsabilidades, ideias — e até de sonhos que não são realmente nossos. No meio dessa avalanche, líderes e empreendedores se perdem tentando fazer tudo — e acabam não realizando o que realmente importa.

Foi nesse cenário que encontrei no essencialismo não apenas uma filosofia de vida, mas uma ferramenta estratégica de transformação. No meu trabalho como consultora, vejo profissionais vivendo no modo sobrevivência. Executam diversas tarefas, apagam incêndios, desdobram-se — e ainda assim terminam o dia com a sensação de que não fizeram o que realmente importava.

O essencialismo torna-se, então, uma urgência. Não se trata de fazer menos por comodidade. Trata-se de fazer menos com intenção, direção e impacto real. Como bem afirma Greg McKeown (2015, p. 18), autor de *Essencialismo: a disciplinada busca por menos*: "Se não estabelecermos prioridades, alguém fará isso por nós".

Essa frase resume o que observo todos os dias: empresários e líderes que vivem reagindo. Respondem mensagens em reuniões, resolvem problemas enquanto pensam em outros... correm tanto, que se esquecem de olhar para onde estão indo. Estão sempre ocupados, mas raramente produtivos.

Presenciei líderes brilhantes se perderem nessa armadilha. Empresários com ideias inovadoras atolados em tarefas operacionais. Profissionais com potencial extraordinário consumidos por urgências impostas por outros — e que, por isso, não têm tempo para o que os faria realmente crescer.

Essa rotina se repete. A agenda lotada se torna um escudo contra o desconforto de fazer escolhas. Afinal, escolher o que importa exige renunciar ao que não importa. E essa renúncia, muitas vezes, dói.

O essencialismo confronta esse medo. Ele nos convida a sair do modo automático e a assumir o controle sobre o que realmente queremos construir. E tudo pode começar com uma única pergunta poderosa: "Se eu tivesse que escolher apenas uma coisa para fazer com excelência hoje, o que seria?".

Feita com frequência, essa pergunta reorganiza sua vida, seu negócio e sua energia. Ser essencialista é, antes de tudo, ter clareza: do que se quer, do que se deve deixar ir e, principalmente, do que não se pode negociar.

Quando uma empresa decide fazer menos com mais intenção, ela começa a andar com mais velocidade. Porque quando tudo é prioridade, nada o é. Mas quando poucas coisas são essenciais, elas ganham força, foco e fluidez.

Já vi empresas dobrarem seus resultados apenas ao eliminar projetos que consumiam muito e entregavam pouco; líderes se transformarem ao aprenderem a delegar, a dizer "não" e a confiar em suas equipes; colaboradores brilharem quando finalmente entenderam qual era seu papel — e pararam de tentar ser tudo para todos.

O essencialismo nas empresas gera mais clareza nos processos, mais confiança nas equipes, mais inteligência nas decisões. E, principalmente, mais saúde emocional para todos os envolvidos. E esse é um benefício que reverbera para além dos resultados: ele fortalece a cultura organizacional e a qualidade dos relacionamentos internos.

## Práticas para uma liderança essencialista

Transformar-se em um líder essencialista não acontece do dia para a noite. Mas tudo começa com um passo: consciência. E, a partir dela, nasce um movimento contínuo de alinhamento, em que cada escolha se torna uma expressão de intencionalidade.

Nesse caminho, alguns movimentos podem acelerar sua jornada e influenciar toda a cultura à sua volta. A seguir, apresento cinco práticas essenciais que ajudam a consolidar uma liderança mais clara, leve e transformadora.

<u>Esvazie para crescer: a limpeza que liberta seu potencial</u>

Antes de crescer, é preciso esvaziar. Avaliar com honestidade o que ocupa sua agenda — e a da sua empresa — é o primeiro passo para uma virada essencialista.

Pegue papel e caneta — ou abra uma planilha. Liste todas as suas tarefas, compromissos e decisões pendentes. Agora se pergunte:

- "Isso gera valor real ou está aqui apenas por hábito?";
- "Isso contribui diretamente para meus objetivos principais?";
- "Quem mais poderia executar isso com excelência?".

Fazer mais não é sinônimo de fazer melhor. A eficácia nasce do discernimento, e não da quantidade de tarefas executadas.

Muitas vezes, confundimos atividade com produtividade. Mas estar ocupado não é o mesmo que estar contribuindo. Fazer uma boa limpeza é um ato de liderança corajosa: escolher se libertar do excesso para entregar o que realmente transforma.

<u>O poder do não: seu sim ao que importa</u>

Dizer "não" pode parecer difícil, mas é libertador. É, na verdade, um "sim" silencioso àquilo que tem propósito.

Prepare respostas firmes e gentis, como: "Agradeço o convite, mas no momento estou focado em outras prioridades". Esse "não" é seu escudo contra o desvio de rota. Negar o que não faz sentido é preservar o que realmente importa. Todo líder essencialista aprende a dizer não — com firmeza, respeito e clareza.

<u>Prioridades com propósito: menos tarefas, mais impacto</u>

Você pode ter muitas ideias. Mas só pode executar algumas com excelência. Escolher três grandes metas por trimestre é uma estratégia essencialista poderosa. Essas metas precisam estar conectadas à sua identidade e ao seu momento.

A prioridade certa, no tempo certo, gera resultados com menos desgaste. E a clareza dessas escolhas inspira toda a equipe a caminhar com mais alinhamento e entusiasmo.

Comunique essas prioridades com frequência — nos rituais de time, nos *one--on-ones*, nos planejamentos. Você cria um ciclo de foco e reforço contínuo.

<u>Silêncio estratégico: onde moram as respostas</u>

O silêncio é mais que ausência de barulho. É presença de consciência. Reserve blocos na sua agenda apenas para pensar. Sem reuniões, sem telefone. Só você, um caderno e seus pensamentos.

É nesse espaço que novas ideias nascem e o verdadeiro direcionamento aparece. A pausa é, muitas vezes, o ponto de virada. Líderes que silenciam são líderes que escutam melhor. E ouvir, no essencialismo, é mais importante do que responder.

<u>Checagem essencial: um ritual de alinhamento</u>

O essencialismo é uma prática viva — e exige manutenção. Um pequeno ritual semanal pode evitar que o piloto automático volte a assumir o controle. Pergunte-se:

- “O que mais gerou impacto nesta semana?”;
- “O que estou mantendo por hábito ou medo?”;
- “Qual ação essencial posso priorizar nos próximos dias?”.

Consistência vira progresso. Pequenos ajustes constantes são mais poderosos do que grandes revoluções esporádicas.

*Radar do essencial (exercício prático)*

Liste todas as atividades do seu dia ou semana. Classifique-as em:

- alta relevância;
- média relevância;
- baixo impacto;

- desnecessária.

Para cada item, escolha:

- eliminar;
- delegar;
- melhorar;
- manter.

Use semanalmente. Ele o ajuda a recalibrar o foco e preservar sua energia. Esse exercício revela onde está sendo desperdiçada sua força — e onde estão escondidas as oportunidades de crescimento.

## Essencialismo como cultura organizacional

Adotar o essencialismo dentro de uma organização não é apenas uma mudança na forma de trabalhar de cada indivíduo, mas uma transformação profunda na cultura corporativa. Empresas que incorporam os princípios do essencialismo vivenciam aceleração nos seus resultados e maior alinhamento entre líderes e equipes.

O essencialismo permite que todos os membros da organização se concentrem no que realmente importa, eliminando o que é desnecessário e promovendo um ambiente de trabalho mais equilibrado, produtivo e saudável.

Como reforça Greg McKeown (2015, p. 13): "O essencialismo não trata de fazer mais; trata de fazer as coisas certas. É investir tempo e energia da forma mais sábia possível para dar sua contribuição máxima fazendo apenas o essencial". Essa frase resume o impacto de um ambiente organizacional focado o essencialismo: maior velocidade, decisões mais assertivas e equipes mais conectadas ao propósito da empresa.

Ao adotar o essencialismo como cultura, líderes tornam-se exemplos de clareza e objetividade. Eles tomam decisões conscientes e orientadas para o que realmente importa, inspirando suas equipes a fazer o mesmo.

Com essa transformação cultural, as empresas ganham mais foco, produtividade e inovação. E o mais importante: elas criam um ambiente de trabalho saudável, que sustenta a organização por meio de escolhas cuidadosas e intencionais.

## Minha transformação com o essencialismo

O essencialismo não entrou na minha vida como escolha, mas como salvação. Eu estava no limite. Sentindo que tudo era urgente... mas nada era profundo.

Decidi viver com mais qualidade. Comecei a dizer "não". Comecei a priorizar o que movia meu propósito. E foi nesse movimento de fazer menos que os resultados floresceram. Vi que o essencialismo não é um destino. É um caminho. Uma jornada de presença, intenção e significado. Mais do que uma estratégia de produtividade, o essencialismo é um pacto com o que realmente importa.

Ao incorporar o essencialismo ao meu dia a dia como consultora, percebi mudanças concretas nos meus atendimentos. Hoje, conduzo reuniões mais curtas, com objetivos bem definidos, e ajudo meus clientes a enxergarem o que realmente move seus negócios.

Descobri que o essencialismo é também uma forma de liderar com humanidade. Ao valorizar o que realmente importa, abrimos espaço para o que é genuíno: conversas verdadeiras, metas significativas, relações de confiança. O trabalho deixa de ser um peso e passa a ser uma expressão de quem somos.

## Conclusão: liderar com intenção é escolher o essencial

O essencialismo é uma escolha de liderança. Liderar a si antes de liderar outros. Escolher com coragem e sustentar essas escolhas.

Em um mundo que exalta o excesso, optar pelo essencial é um ato de sabedoria. Não é sobre fazer menos. É sobre fazer o que tem significado.

Você não veio ao mundo para ser mais um ocupado; você veio para deixar uma marca e construir um legado. E só se deixa marca quando se vive com direção. Então seja essencial.

## Convite à prática

O essencialismo só faz sentido quando vivido. Por isso, deixo um convite: escolha um único ponto deste capítulo para aplicar ainda hoje. Apenas um.

Sua transformação começa agora, com uma escolha. Comece hoje e faça menos com mais significado.

**BIBLIOGRAFIA**

McKEOWN, G. *Essencialismo*: a disciplinada busca por menos. Tradução de Alessandra Alves. Rio de Janeiro: Sextante, 2015.

“

Você não precisa de mais tempo — precisa de mais coragem para escolher o que realmente importa.

Pâmella Soares

# Como este capítulo pode contribuir para o seu **sucesso**?

# Rosilene Vaz

Sou Rosilene Vaz, advogada, mentora, mineira apaixonada pela simplicidade da vida. Acredito no poder da transformação que nasce quando a gente se permite olhar para dentro. Conhecer a si mesma é o primeiro passo para criar uma vida com mais verdade, liberdade, propósito e sucesso. Agradeço imensamente à Cooperativa SICREDI, por meio da agência da cidade de Astolfo Dutra/MG, pelo valioso apoio e patrocínio à realização desta obra. A parceria e o comprometimento com o desenvolvimento da nossa comunidade foram fundamentais para tornar este projeto possível. O incentivo de instituições como o SICREDI reforça a importância da cooperação e do investimento no crescimento do coletivo.

Meu sincero reconhecimento e gratidão!

# 20

# A MENTALIDADE QUE IMPULSIONA O SUCESSO

Por Rosilene Vaz

METAMORFOSE
PARA O
SUCESSO

"Mentalidade" vem de "mental", sendo definido como o modo de pensar que envolve crenças, valores e atitudes de uma pessoa. É um dos pilares fundamentais na busca pelo sucesso, porque define a forma como percebemos o mundo, interpretamos os desafios e agimos diante das adversidades.

Quando falamos em mentalidade como o alicerce do sucesso, estamos nos referindo à maneira como nossa mente, com todas as suas nuances, molda nosso destino.

Compreender que mentalidade é a base do sucesso nos faz enxergar com outros olhos as circunstâncias e as pessoas com as quais lidamos no dia a dia. Se tudo parte da forma como eu penso, sinto e ajo, o primeiro passo para construir um alicerce de sucesso forte é voltar para mim mesma, entendendo como reajo às circunstâncias. Assim, ao fortalecer o meu emocional, encontro uma chave poderosa para alcançar o objetivo traçado, tornando-me mais resiliente e autoconfiante.

E é por meio do autoconhecimento e da consciência que conseguimos transformar a mentalidade para que ela se torne um veículo eficaz na busca por objetivos e realização pessoal.

O sucesso, a meu ver, pode variar de pessoa a pessoa; de forma geral, não significa atingir um estado final ou perfeito, mas encontra-se em um processo constante de observação e evolução.

A forma como enxergamos o mundo, os desafios e nossas próprias capacidades molda nossas ações, decisões e até mesmo o nosso futuro. Não se trata de um elemento genético ou uma característica imutável; ao contrário, é algo que pode ser moldado e desenvolvido ao longo do tempo, de acordo com nossas experiências, crenças e aprendizados.

Nesse contexto, entender o poder da mentalidade é essencial para qualquer pessoa que almeje alcançar o sucesso. A mentalidade serve como um alicerce sólido sobre o qual construímos nossas aspirações, definimos nossas estratégias e, principalmente, enfrentamos os obstáculos que surgem em nosso caminho.

Com uma mentalidade voltada para o crescimento e a superação, é possível transformar dificuldades em oportunidades e alcançar objetivos que antes pareciam distantes ou até impossíveis.

Assim, vamos analisar de que forma a mentalidade funciona como o alicerce fundamental do sucesso. Para isso, abordaremos cinco tópicos, entre eles: o que é mentalidade, o poder do sentimento positivo, o autoconhecimento como chave para o sucesso, o pensamento quântico, e a relação entre mentalidade e resiliência.

## O que é a mentalidade?

A mentalidade pode ser definida como o conjunto de crenças e atitudes que uma pessoa tem em relação a si mesma, ao mundo e aos desafios que enfrenta. Ela atua como um filtro por meio do qual interpretamos e reagimos às situações da vida.

Em termos mais simples, é a maneira como escolhemos pensar sobre o que acontece ao nosso redor e como nos sentimos em relação a isso. O conceito de sucesso é multifacetado e, para muitos, está diretamente relacionado ao alcance de metas pessoais ou profissionais, à satisfação e à realização.

No entanto, quando nos aprofundamos no conceito de sucesso, percebemos que ele está intimamente ligado ao autoconhecimento, um processo contínuo de descoberta das próprias capacidades, limitações e potencialidades.

E, ao explorar mais ainda essa relação, é possível perceber também uma conexão intrigante com a física quântica, uma área da ciência que, embora pareça distante da experiência humana cotidiana, oferece recursos incríveis e poderosos sobre como nossos pensamentos e percepções moldam a realidade.

## O poder do sentimento positivo

Ouvimos muito sobre o poder do pensamento positivo utilizado como prática fundamental para aqueles que buscam o sucesso. Porém, trago um conceito mais moderno, deixando de utilizar o termo "pensamento" para substituí-lo pelo termo "sentimento". Este, verdadeiramente, influencia de forma direta a maneira como enfrentamos os desafios e aproveitamos as oportunidades.

Ter uma mentalidade positiva significa ver o mundo com otimismo e acreditar que as dificuldades podem ser superadas, mas tudo relacionado à forma como nos sentimos. O sentimento vem do coração, algo mais profundo e consistente. Isso não quer dizer ignorar os problemas ou viver em um mundo de ilusão, mas adotar uma perspectiva que foque as soluções, e não as dificuldades.

Indivíduos com atitudes positivas tendem a ser mais produtivos, mais felizes e mais bem-sucedidos em suas carreiras. Quando entendemos que não somos as nossas emoções, tudo faz mais sentido (Meurisse, 2020). O otimismo não só melhora a nossa saúde mental, mas também nossa saúde física, pois reduz o estresse e aumenta a resiliência.

Além disso, o sentimento positivo está profundamente ligado à autoconfiança. Quando acreditamos em nossas capacidades, sentimo-nos mais preparados para enfrentar os desafios que surgem e para tomar decisões mais assertivas.

Para alcançar um sentimento positivo, é necessário curar-nos daquilo que nos fez mal, pois a cura tem papel fundamental na construção do sentimento positivo e impacta diretamente o sucesso desejado. Dessa forma, a mentalidade positiva é essencial na construção do êxito que queremos alcançar.

## O autoconhecimento como chave para o sucesso

O autoconhecimento é, essencialmente, o processo de compreender as próprias emoções, motivações, crenças e padrões de comportamento. Quanto mais uma pessoa se conhece, mais ela é capaz de fazer escolhas alinhadas com seus valores e objetivos, e mais facilmente pode superar obstáculos internos, como medos, inseguranças e limitações autoimpostas.

Esse alinhamento interno é crucial para atingir o sucesso, pois permite que as ações sejam tomadas de forma mais assertiva, e que o indivíduo esteja mais preparado para lidar com desafios e mudanças da vida.

Além disso, o autoconhecimento promove maior clareza sobre o que realmente se deseja alcançar, evitando a busca pelo sucesso baseada em expectativas externas ou padrões sociais. Ele conduz a uma forma mais autêntica de viver, em que as metas e os sonhos são construídos a partir da própria verdade interior, e não de comparações com os outros.

## Pensamento quântico

A forma como pensamos e agimos impacta diretamente os nossos resultados, ou seja, a fim de alcançarmos o sucesso, necessitamos de ferramentas adequadas para atingir metas e objetivos traçados.

É nesse sentido que o pensamento quântico (Soares, 2023) pode ser aplicado, pois mesmo sendo um conceito complexo, ligado à área da física, pode ser perfeitamente aplicado em nossa vida.

De forma sucinta, o pensamento quântico parte da concepção de que tudo está interligado e conectado no universo. Assim, quanto mais consciência tivermos, melhor compreensão teremos acerca de nós mesmos e dos fatos que nos rodeiam. Com isso, ações como meditação e visualização criativa poderão nos levar para mais longe, a fim de concretizar nossos sonhos e alcançar o sucesso desejado.

Adquirir uma mentalidade que possa nos impulsionar para a manifestação de nossas metas depende exclusivamente do quanto estamos alinhados com as nossas aspirações. A forma como compreendemos a realidade depende do que observamos e em que colocamos o foco. Portanto, se não temos certeza do que poderá acontecer no próximo segundo, temos que aprender a reagir às incertezas da vida. É nisso que o pensamento quântico nos auxilia, pois o importante não é o que nos acontece, mas como reagimos ao que acontece.

Sem querer me aprofundar demasiadamente no conceito, é uma excelente ferramenta para auxiliar na construção de uma mentalidade forte, resistente, compreensiva e consciente. Assim, se abrirmos nossa mente para compreender os princípios do pensamento quântico, certamente a expansão de nossa compreensão acerca da realidade será inevitável.

Entender o que se pensa, como se pensa e como reagir às circunstâncias transforma a vida de forma significativa.

## A mentalidade e a resiliência

A resiliência é a capacidade de se recuperar de adversidades, traumas ou situações difíceis, e a mentalidade desempenha um papel crucial na construção dessa habilidade. Pessoas com mentalidade de crescimento, por exemplo, têm uma visão mais flexível da vida. Elas acreditam que podem aprender com os fracassos, o que as torna mais resistentes diante dos obstáculos.

Quando enfrentamos dificuldades, nossa mentalidade define se vamos nos entregar à adversidade ou se vamos lutar para superar os desafios. Aqueles que têm uma mentalidade positiva e de crescimento tendem a ver os contratempos como parte do processo de evolução, e não como um fim. Eles sabem que o fracasso não é permanente, mas uma oportunidade para aprender e melhorar.

Muitas vezes, carregamos crenças do passado que nos impedem de avançar. Elas podem vir de experiências anteriores, influências sociais ou familiares. O autoconhecimento nos permite perceber essas crenças, trabalhar para superá-las e chegar até a cura. Só assim podemos alcançar sentimentos bondosos, alegres, sensíveis e receptivos, que são atributos necessários para chegar ao sucesso.

## Conclusão

A mentalidade é, sem dúvida, o alicerce do sucesso. E é por meio do autoconhecimento e da consciência que podemos fortalecer essa mentalidade, tornando-a mais flexível, resiliente e orientada para o crescimento.

Ao entender e transformar nossa maneira de pensar, sentir e reagir, estamos criando as bases para alcançar nossas metas mais ambiciosas. O sucesso, portanto, não é uma questão de sorte ou circunstâncias aleatórias e sem planejamentos, mas uma consequência de como escolhemos reagir e evoluir diante das situações da vida.

Sem dúvidas, o melhor caminho é fortalecer a mentalidade para alcançar a realização necessária a fim de alcançar o sucesso. Afinal, é a mentalidade que o impulsiona!

## BIBLIOGRAFIA

MEURISSE, T. *O poder das emoções*: um guia prático para superar a negatividade e lidar melhor com seus sentimentos. Cotia: Vital Editora, 2020.

SOARES, J. Como o pensamento quântico impacta a vida cotidiana. *Bala Elástica*, 28 mar. 2023. Disponível em: https://balaelastica.com/como-o-pensamento-quantico-impacta-a-vida-cotidiana/. Acesso em: 9 maio 2025.

"

A mentalidade certa é a ponte entre o sonho e o sucesso, e a forma de pensar, acreditar e agir transforma esse sonho em realidade.

Rosilene Vaz

# Como este capítulo pode contribuir para o seu **sucesso**?

# Suely Marcantonio

Sou Suely Marcantonio, paranaense, residente em São Paulo. Especialista em Gestão de Pessoas, Governança e Gestão Estratégica de Dados. Carreira desenvolvida há mais de trinta anos, liderando grandes equipes e gerenciando processos.

Principais feitos: participação na criação da área de gestão de dados com base no DAMA-DMBOK; implementação dos programas: 5s, PDCA e Lean Seis Sigma; assessoria estratégica do processo de *spin-off*, no que tange à estruturação do banco de dados; reestruturação da área de operações; implementações das certificações ISO 9001 e Good Priv@cy, atuando também como auditora interna.

Hoje, atuo com consultoria e treinamentos em liderança. Tenho paixão em ensinar, acredito que uma boa liderança inspira pessoas e pode transformar equipes.

suely_marcantonio

# 21

# LIDERANÇA HUMANIZADA

Por Suely Marcantonio

METAMORFOSE
PARA O
SUCESSO

Mais que um termo que define uma posição hierárquica nas empresas, liderança é um assunto amplamente discutido não somente no mundo corporativo, mas também por estudiosos e pensadores da administração, pois é a capacidade que um indivíduo tem para unir pessoas ao redor de um propósito, de forma espontânea.

Ao contrário do que se imaginava, em função da criação de estruturas organizacionais mais horizontais (mais flexíveis e com participação do colaborador) do que verticais (mais rígidas e com decisões centralizadas na alta gestão), a liderança no meio corporativo se fortalece cada vez mais, e é incontestável o papel do líder nas organizações.

Muito já se discutiu sobre o papel do "chefe" *versus* "líder", sendo que o papel do chefe, via de regra, extinguiu-se, porque traz à tona o autoritarismo que perdeu forças no âmbito familiar e corporativo. Apesar de sabermos que esse conceito não cabe mais em nenhum dos dois âmbitos, ainda encontramos situações de líderes achando que o poder vale mais. Isso porque as pessoas muitas vezes são movidas pelo ego.

É nesse contexto que as empresas têm prejuízos, pois o mau líder pode criar um ambiente tóxico que resulta na perda de bons profissionais que acabam se desligando da empresa porque não aguentam mais trabalhar com aquele "chefe", ou, se decidem perseverar, acabam adoecendo com crises de ansiedade e síndrome de *burnout,* que levam ao afastamento do profissional. Quem nunca ouviu algum comentário desse tipo?

Situações como essas podem acontecer independente do porte das empresas — grande, média ou pequena — e do nicho em que ela atua; no entanto, com o crescimento do empreendedorismo no Brasil, faz-se necessário um alerta aos empreendedores, principalmente aqueles que estão começando: é preciso ter esses riscos em mente, pois, com o crescimento da empresa, pode ser necessária a contratação de mais pessoas — logo, o empreendedor precisará trabalhar muito bem essa questão, visto que será imprescindível ter líderes e profissionais competentes, engajados no propósito da empresa para que ela prospere.

Como e o que podemos fazer para revertermos essa situação a fim de transformar um ambiente tóxico em um saudável?

Nós, seres humanos, somos a espécie mais importante da Terra — um ser único e dotado de inteligência. O homem moderno domina muitos saberes da ciência, por exemplo: já navega pelo espaço com certa frequência, realiza cirurgias por meio de robôs, desenvolve programas de inteligência artificial; entretanto, tem uma enorme dificuldade de se relacionar bem com pessoas — não domina sequer o território das próprias emoções.

É nesse contexto que entra a liderança humanizada, que criou forças principalmente no período pós-pandemia.

A liderança humanizada trabalha justamente essa questão, estando realmente preocupada com o bem-estar dos profissionais, respeitando e valorizando a individualidade deles, entendendo que são seres humanos e não máquinas que produzem resultados.

Vale ressaltar que a liderança humanizada não é ser um líder bonzinho ou legal — você até pode ser, mas não é sobre isso; temos que agir com profissionalismo e bom senso. Também não implica a total ausência de problemas. Nada na vida é um mar de rosas, até porque, se fosse, nós não teríamos nada para aprender, não evoluiríamos e não sairíamos da zona de conforto.

No entanto, se trabalharmos os pontos fortes de cada um, em vez de simplesmente nos concentrar nos fracos, apontando os erros e procurando culpados, alcançaremos resultados mais satisfatórios. Não devemos, em hipótese alguma, ignorar as falhas; devemos tratá-las de forma diferente, entendendo-as e mapeando a causa raiz do problema. Quando você faz isso, evita que os mesmos erros se repitam várias vezes, pois você estará atacando o núcleo do problema. Lembre-se: aprenda com suas experiências e só permita erros inéditos.

Destaco, a seguir, algumas habilidades e técnicas essenciais ao lidar com pessoas.

**Autoconhecimento**: nós precisamos nos conhecer, entender o que nos motiva ou desmotiva. Essa reflexão nos faz buscar a felicidade. O líder precisa conhecer e entender seu liderado; mas para que possamos entender o outro, precisamos entender a nós mesmos. A busca constante do autoconhecimento nos leva à evolução, e isso facilita o processo de entendimento do outro. Antes de liderar os outros, é necessário liderar a si mesmo.

**Comunicação clara**: a comunicação impulsiona o agir. Isso significa que toda orientação que você passa a seu subordinado deve ser clara e precisa; não use termos difíceis só para mostrar seu conhecimento ou autoridade, pois corre o risco de o colaborador não conseguir exercer a tarefa com qualidade. Objetivos claros estão diretamente ligados à comunicação.

**Escuta ativa**: saiba ouvir seus liderados e dê voz a eles. Ouça suas ideias, deixe que eles falem sem medo de retaliação. Isso implica uma relação de respeito.

**Relações de confiança**: seja respeitoso, conheça seu liderado, saiba quais são suas melhores habilidades; isso já ajudará na hora em que você for delegar. Ajude o colaborador caso esteja com algum problema pessoal — se não puder ajudá-lo, apenas ouça. Lembrando que, se ele lhe confidenciou algo, isso fica com você, não interessa a mais ninguém; não comente assuntos pessoais com outras pessoas. Aliás, elimine a fofoca, isso é prejudicial ao ambiente e mina a confiança. Discuta ideias, projetos e não pessoas, tenha isso em mente.

**Ser o exemplo**: não fale uma coisa e faça outra. Deve existir coerência entre o discurso e a ação. Influencie, não manipule. A influência tem como base a comunicação clara, a empatia e a construção de relacionamentos de confiança; já a manipulação é uma abordagem obscura que pode deteriorar a confiança e criar um ambiente tóxico.

**Empatia**: a empatia vai além de você simplesmente se colocar no lugar do outro; é preciso sentir o que a outra pessoa sentiria se estivesse vivenciando aquela situação. Tentar entender, e o principal, sem julgar!

***Feedback***: baseados em fatos e dados, não em achismos. Tenha consciência de que o *feedback* não existe apenas para apontar erros. Mostre os pontos positivos e também onde o profissional precisa melhorar, já saindo da conversa com um plano de ação, preferencialmente feito a quatro mãos. Lembrando que o objetivo do *feedback* é desenvolver pessoas e não punir.

**Delegar**: é direcionar uma atividade para um liderado executar. Entenda se o profissional está apto para assumir e se já não está sobrecarregado, transmitindo informações claras de todo processo, supervisionando até que a pessoa esteja segura, e acompanhando ao longo do tempo (prazo e qualidade). Lembre-se: comunique o óbvio.

**Desenvolver pessoas**: como eu mencionei anteriormente, precisamos estar em constante evolução. O líder precisa se desenvolver constantemente e fazer o mesmo com sua equipe. Incentive-os a ler e fazer novos cursos — assim eles estarão aptos para assumir outras tarefas. Não fique com receio de que alguém poderá pegar seu lugar. Pense grande, suba o nível e gere oportunidade para que sua equipe suba também. Equipes de alta performance trazem resultados extraordinários.

Tudo isso precisa estar alinhado a melhores estratégias e melhor plano de execução, colocando as pessoas certas nos lugares certos — e, ainda, uma estrutura em que pessoas, processos e tecnologia caminhem juntas. Esses são os pilares em que embaso meu trabalho; não é por acaso que pessoas vêm primeiro. Com todo respeito aos meus amigos e parceiros de tecnologia da informação, você pode ter a melhor tecnologia na sua empresa, mas, se não tiver pessoas engajadas com o seu propósito, nada adiantará — isso é fato!

Talvez neste momento você possa estar questionando a ênfase que dou para as pessoas; como ficam os resultados das empresas? Não são importantes? Claro que sim! Aliás, sem elas não existiriam líderes e liderados.

Eu respondo de uma forma bem simples e com outra questão: o que é uma empresa senão uma ou mais pessoas que sonharam, acreditaram em um propósito e fizeram acontecer? Lembre-se de que por trás de um CNPJ há pelo menos uma pessoa.

Por isso, a grande sacada é termos bem claro que quem traz os resultados e quem faz uma empresa são as pessoas. E pessoas só trarão resultados se forem bem cuidadas, se tiverem metas e objetivos claros, se entenderem por que estão ali, se entenderem o propósito da empresa.

Exercer a liderança não é coisa para amador, não é fácil, é um tremendo desafio, porque somos humanos e erramos, mas precisamos aprender com os erros e crescer. Há alguns gurus por aí ensinando mágicas — eu prefiro ensinar conteúdo, com exemplos reais que deram certo para mim e que com certeza darão para você também. Mas o caminho é longo; tudo na vida é um processo, e aqui não é diferente. Exige esforço, empenho, dedicação, estudo e muito trabalho.

Mas confie em você. Se você quer, você pode. Torne-se um líder de sucesso, transformando não só a sua vida, mas a vida de todos que estão a sua volta!

Se você acha que tudo isso faz sentido para você, siga-me no Instagram: @suely_marcantonio.

## BIBLIOGRAFIA

ADIZES, I. *Gerenciando os ciclos de vida das organizações*. São Paulo: Prentice Hall, 2004.

BOSSIDY, L.; CHARAN, R. *Execução*: a disciplina para atingir resultados. Rio de Janeiro: Elsevier, 2005.

BRANCO, J. *D[Ê] propósito*. São Paulo: Editora Gente, 2022.

COHEN, A. R.; FINK, S. L. *Comportamento organizacional*: conceitos e estudos de casos. São Paulo: Campus, 2003.

GUIMARÃES, G. *Liderança positiva*. São Paulo: Évora, 2012.

OLIVEIRA, J. F.; MARINHO, R. M. *Liderança*: uma questão de competência. São Paulo: Saraiva, 2005.

O'REILLY III, C. A.; TUSHMAN, M. L. *Liderança e disrupção*. São Paulo: HSM, 2017.

SINEK, S. *Comece pelo porquê*: como grandes líderes inspiram pessoas e equipes a agir. Rio de Janeiro: Sextante, 2023.

SINEK, S. *Juntos somos melhores*: um livro inspirador sobre o poder da união e a busca pelo propósito. Rio de Janeiro: Sextante, 2019.

“

Seja um líder que inspira, influencia e desenvolve pessoas. Assim, você estará evoluindo e transformando a vida das pessoas ao seu redor.

Suely Marcantonio

# Como este capítulo pode contribuir para o seu **sucesso**?

# Thais D'Artibale Faria

Sou Thais D'Artibale Faria, advogada empresarial, estrategista jurídica, conselheira de redes de varejo e franquias, franqueadora e multifranqueada. Sócia-diretora do D'Artibale Faria Advogados, escritório especializado em direito aplicado a *franchising*, varejo e inovação. Presidente da comissão da Sociedade de Advogados e vice-presidente da comissão de *Franchising* da OAB/22, subseção de São Paulo. Sou sócia de grandes marcas como Chiquinho Sorvetes, Day Off Café, Dai Pizza & Bar e Restaurante Jangada. Integro o Comitê de Admissão da Associação Brasileira de *Franchising* (ABF), no qual também atuo como instrutora. Conselheira de redes de varejo, ajudo negócios a crescerem de forma segura, escalável e estratégica. Acredito que decisões consistentes constroem resultados duradouros. Minha missão é guiar empresas em decisões juridicamente sólidas e empresarialmente impactantes.

thaisdartibalefaria

+55 (17) 99787-3781

Thais D'Artibale Faria

METAMORFOSE PARA O SUCESSO

# 22

# O PODER DA DECISÃO ESTRATÉGICA

Por Thais D'Artibale Faria

Empresas duradouras não crescem por acaso. Negócios bem-sucedidos resultam de decisões estratégicas conscientes, tomadas por líderes capazes de analisar cenários complexos e incertos. Ao longo da minha carreira como estrategista na área jurídica empresarial e membro de conselhos, constatei que a gestão eficaz envolve não apenas lidar com caos e crises, mas dominá-los, convertendo-os em vantagem competitiva.

## Tudo acontece no caos

No início de qualquer negócio, especialmente em fases de crescimento acelerado ou transição, a gestão é um campo de batalha, um ambiente caótico com múltiplos desafios. Da gestão de pessoas ao desenvolvimento de produtos, penetração de mercado e questões financeiras, líderes frequentemente se veem imersos em complexidade. Esse caos, embora desconfortável, é essencial para o crescimento e a inovação. Ambientes turbulentos estimulam criatividade, experimentação e decisões estratégicas constantes. Sem o caos, o maior risco é o comodismo, que corrói a capacidade de adaptação. Em um mercado dinâmico, estagnar é retroceder. O caos deve ser visto como matéria-prima vital para a transformação e a resiliência organizacional.

Nicholas Taleb (2019), em *Antifrágil: coisas que se beneficiam com o caos*, mostra que empresas robustas não apenas resistem à volatilidade, mas se alimentam dela. Sistemas evoluem com choques, como a aviação que aprimora protocolos após acidentes. Crises deixam de ser ameaças para se tornarem laboratórios de reinvenção estratégica. Muitos ficam presos ao microgerenciamento, acreditando que isso é produtividade, e essa armadilha limita a visão que vai além do imediato. A "miopia operacional" cria a ilusão de produtividade, mas compromete a visão periférica essencial para navegar em ambientes competitivos.

## O sobrevoo estratégico

O estrategista deve periodicamente sair das trincheiras operacionais, realizando o "sobrevoo estratégico". Essa visão ampla é vital para identificar prioridades e alinhar ações imediatas com objetivos de longo prazo. A ausência desse sobrevoo leva ao crescimento superficial, em que o aumento de atividades não gera sustentabilidade. Já vi empresas com excelente faturamento fracassarem por negligenciar a visão sistêmica do negócio. Definir prioridades e objetivos estratégicos é exercício crítico e inadiável. Flávio Augusto Silva (2018), em *Ponto de inflexão: uma decisão muda tudo*, argumenta que escolhas significativas derivam de compreensão profunda dos propósitos e valores. Nossas decisões, individuais ou organizacionais, são influenciadas por aspirações e ideais de longo prazo.

A capacidade de priorizar é uma das competências mais valiosas do líder estratégico. Em ambientes onde demandas excedem recursos, a definição clara de prioridades torna-se imperativa para a alocação eficiente de esforços. Empresas sem sistema de priorização enfrentam desalinhamento, baixa produtividade, conflitos e dificuldades decisórias.

## Diagnóstico organizacional

Identificado o cenário caótico, o próximo passo é o diagnóstico preciso das dores organizacionais. Richard Rumelt (2012), em *Estratégia boa, estratégia ruim*, defende que estratégia robusta começa com diagnóstico claro e honesto. O gestor precisa de dados consistentes para identificar os problemas. Vivemos na era da "mina de dados", e mesmo ferramentas simples, como a Demonstração de Resultado Econômico (DRE), margem por produto e análise de consumo, fornecem *insights* críticos para decisões embasadas.

O diagnóstico organizacional vai além da coleta de dados financeiros ou operacionais. Deve contemplar cultura, processos, pessoas, tecnologia, posicionamento e custos. Esse diagnóstico multidimensional permite identificar as causas fundamentais dos problemas. Ele é a base do planejamento estratégico, fornecendo as premissas para as grandes escolhas seguintes, como definição de visão e objetivos.

Durante a pandemia, um restaurante sob minha gestão exemplificou a necessidade de diagnóstico. Apesar do alto faturamento, as margens eram reduzidas. A análise mostrou alto custo operacional e inadequação do produto ao *delivery*. Reduzimos o cardápio e focamos em pizzas napolitanas, de maior margem e alinhadas ao mercado. Essa decisão preservou o negócio, reduziu custos e melhorou a lucratividade.

Outro exemplo foi a implantação de *partnership* em um escritório jurídico, solução para retenção de talentos e engajamento. O programa integrou critérios de desempenho, gamificação e trilhas de crescimento, reduzindo o *turnover* de 40% para 12% em dezoito meses e criando cultura de protago-nismo. O sucesso mostrou que programas de retenção, alinhados a diagnósticos precisos e participação ativa, transformam ameaças em vantagem competitiva. Esses casos mostram como o diagnóstico preciso revela oportunidades estratégicas não evidentes. Decisões foram baseadas em dados concretos, não em impressões.

## O paradoxo do *timing* nas decisões

O diagnóstico é só o primeiro passo: a maestria estratégica está em identificar o momento certo de agir. Jim Collins (2009), em *Empresas feitas para vencer*, mostra que empresas excepcionais combinam análise com sensibilidade temporal, agindo antes que crises se tornem irreversíveis. O "quando" é tão crítico quanto o "o quê". Chip e Dan Heath (2013), em *Decisive*, acrescentam que o *timing* estratégico exige equilíbrio entre intuição experiente e protocolos antifrágeis. Líderes precisam sintetizar dados objetivos com percepções subconscientes, reconhecendo padrões acumulados em anos de experiência.

O paradoxo do *timing* perfeito exige algoritmos preditivos e coragem para desafiar modelos convencionais. Empresas que dominam essa dualidade usam sistemas de alerta precoce e comitês multidisciplinares, nos quais intuições são testadas contra cenários. O "grito interno" do empreendedor é a cristalização de experiências em padrões ágeis, como um maestro que sabe quando acelerar a orquestra. Assim, um CFO, ao analisar projeções e sentir desequilíbrios, antecipa renegociações e salva a empresa de crises. Esse é o *timing* estratégico: dados quantitativos iluminados por *insights* qualitativos.

A percepção de que a empresa está na "zona de conforto" e precisa expandir exige decisões audaciosas. Estruturar franquias, por exemplo, demanda *timing* preciso e preparo. A maturidade organizacional para replicar modelos e gerenciar complexidade define o sucesso da expansão. Decisões prematuras carecem de fundamento; decisões tardias perdem impacto e podem levar à falência. É preciso sensibilidade para identificar janelas de oportunidade, em que fatores internos e externos maximizam o impacto estratégico.

## O medo paralisante e a cultura do erro

Um dos maiores obstáculos às decisões estratégicas é o medo do erro. Esse medo se manifesta como procrastinação, delegação excessiva, comitês desnecessários ou obsessão por garantias. A busca pela decisão perfeita resulta em paralisia organizacional. Muitas pessoas têm medo de decidir, paralisadas pelo receio do fracasso ou pela incerteza. Essa paralisia é tão arriscada quanto decisões precipitadas, pois em ambientes dinâmicos a indecisão não é opção. A construção de cultura que suporta decisões estratégicas exige tolerância ao risco, valorização do aprendizado e alinhamento entre valores e comportamentos.

Essa cultura contrasta com ambientes em que erros são punidos, o que leva à aversão, ao risco e à evitação de decisões transformadoras. A Nubank eliminou a paralisia por perfeccionismo. Pesquisas internas mostram que colaboradores se sentem seguros para propor soluções, acelerando decisões sob incerteza. A empresa adota o conceito de "*skin in the game*" (Taleb, 2019): equipes têm autonomia para experimentar e arcam com as consequências. Isso equilibra risco e responsabilidade, transformando erros em aprendizado. É preciso parar de temer o fracasso. A única falha é não escolher e ignorar o que precisa ser feito.

A execução estratégica vai além da implementação de planos. É um processo contínuo de inteligência, em que cada passo gera aprendizados para os próximos movimentos. O plano estratégico deve ser integrador e modelo de decisões coerentes, não um documento estático. A maturidade estratégica manifesta-se na capacidade de sistematizar o processo decisório, transformando-o em capacidade organizacional permanente. Isso envolve criar estruturas, processos e práticas que institucionalizem a reflexão estratégica, a avaliação de alternativas e o monitoramento disciplinado de resultados.

Empresas maduras implementam sistemas de indicadores que proporcionem *feedback* contínuo, permitindo ajustes rápidos. Essa agilidade, fundamentada em dados, é marca das empresas antifrágeis, capazes de prosperar em ambientes complexos. A decisão estratégica é mais que escolha; é liderar com coragem, sabedoria e clareza. Empresas sustentáveis cultivam reflexão, análise criteriosa e decisão assertiva. Não há crescimento sólido sem coragem de decidir.

## Sustentabilidade empresarial

Decisões estratégicas moldam culturas, estabelecem precedentes e definem o caráter da organização. Cada decisão significativa deixa um legado que influencia resultados e futuras decisões. Líderes estratégicos consideram não só o efeito imediato, mas o que suas decisões ensinam à organização a longo prazo.

A metamorfose para o sucesso ocorre pela capacidade de tomar decisões estratégicas consistentes e alinhadas a propósitos superiores. Essa capacidade se desenvolve com prática deliberada, reflexão disciplinada e aprendizado contínuo. Ao cultivá-la, líderes transformam suas empresas e a si mesmos, tornando-se mais aptos a enfrentar os desafios de um mundo em transformação.

## BIBLIOGRAFIA

COLLINS, J. *Empresas feitas para vencer.* 2. ed. Rio de Janeiro: Elsevier, 2009.

HEATH, C.; HEATH, D. *Decisive*: How to Make Better Choices in Life and Work. New York: Crown Business, 2013.

RUMELT, R. *Estratégia boa, estratégia ruim*: como identificar e evitar os maiores erros de gestão. Rio de Janeiro: Elsevier, 2012.

SILVA, F. A. *Ponto de inflexão*: uma decisão muda tudo. São Paulo: Buzz Editora, 2018.

TALEB, N. N. *Antifrágil*: coisas que se beneficiam com o caos. 12. ed. Rio de Janeiro: Best Business, 2019.

“

Não há sustentabilidade empresarial sem a tomada de decisões estratégicas de forma consciente e constante.

Thais D'Artibale Faria

Como este capítulo pode contribuir para o seu **sucesso**?

# ANOTAÇÕES

# ANOTAÇÕES

# ANOTAÇÕES

# ANOTAÇÕES

EDITORA
CHAVE MESTRA®

**Instagram:** @editorachavemestra

**E-mail:** editora@editorachavemestra.com.br

***Site*:** www.editorachavemestra.com.br